基于"互联网+"视角下的大学生创新创业教育

陈审声 著

北 京
冶 金 工 业 出 版 社
2019

内容提要

本书共分7章，主要内容包括：创新创业与创新创业教育，“互联网+”背景下大学生创新创业的影响因素及路径，高校创新创业教育人才培养目标的定位与策略，“互联网+”时代高校创新创业教育课程体系的构建；“互联网+”时代高校创新创业教育实践教学体系的构建，“互联网+”时代高校创新创业教育师资体系建设，高校创新创业教育的教学方法创新与科学评价。

本书可供本科和职业院校有关专业师生阅读参考。

图书在版编目(CIP)数据

基于“互联网+”视角下的大学生创新创业教育/陈审声著.—北京：冶金工业出版社，2019.12

ISBN 978-7-5024-8357-9

Ⅰ.①基…　Ⅱ.①陈…　Ⅲ.①大学生—创业—研究　Ⅳ.①G647.38

中国版本图书馆CIP数据核字(2019)第300405号

出 版 人　陈玉千

地　　址　北京市东城区嵩祝院北巷39号　邮编　100009　电话　(010)64027926

网　　址　www.cnmip.com.cn　电子信箱　yjcbs@cnmip.com.cn

责任编辑　俞跃春　杜婷婷　美术编辑　郑小利　版式设计　孙跃红

责任校对　郭惠兰　责任印制　李玉山

ISBN 978-7-5024-8357-9

冶金工业出版社出版发行；各地新华书店经销；北京虎彩文化传播有限公司印刷

2019年12月第1版，2019年12月第1次印刷

169mm×239mm；10.25印张；199千字；155页

69.00元

冶金工业出版社　投稿电话　(010)64027932　投稿信箱　tougao@cnmip.com.cn

冶金工业出版社营销中心　电话　(010)64044283　传真　(010)64027893

冶金工业出版社天猫旗舰店　yjgycbs.tmall.com

(本书如有印装质量问题，本社营销中心负责退换)

序

在“大众创业、万众创新”的背景下，创新创业成为社会的高频词汇，大学生创新创业教育也如火如荼地开展并受到关注。那么，大学生创新创业教育的内涵和目标是什么，影响因素如何，高校应采取的策略和路径是什么？诸如此类的问题，作为分管高校创新创业教育工作的我始终在思考着，也不时浏览这方面的报道和研究成果，在获得一些启示的同时也感觉到绝大多数成果对大学生来说仍缺乏针对性和可实现性。

开展创新创业教育是新世纪对我国高等教育的新要求，是高等教育走向大众化的必然选择。创新创业教育的目的旨在不断提高学生的综合素质，增强学生的创新意识、创业精神和创业能力。大学生创新创业教育的实施需要高等院校进行教育教学的变革，适应并促进创新创业教育的开展，因此，大学生创新创业教育是一项复杂的系统工程。

本书从创新创业和创新创业教育的基本概念入手，分析了大学生创新创业的影响因素及路径选择，提出了高校创新创业教育人才培养目标的定位和策略，并对创新创业教育的课程、实践、师资、教学方法与评价等方面进行了论述。全书目标明确，内容丰富，看得出作者在创新创业教育实践的深入思考与积淀。而且作者在高校大学生思想政治教育岗位工作10多年，也一直在创新创业教育领域有一些思考，熟悉是成功研究的重要基础，因此，他能够将思想政治教育的理念、方法、载体与大学生创新创业的有机结合，值得学习和借鉴。同时，希望该书的出版成为他未来创新创业教育研究与实践的新起点和新契机，力学笃行，取得更为丰硕的成果。

沈月琴

2019年9月

前　言

创新创业教育是以培养具有创业基本素质和开创型个性的人才为目标，不仅仅以培育在校学生的创业意识、创业精神、创新创业能力为主的教育，而是要面向全社会，针对那些打算创业、已经创业、成功创业的创业群体，分阶段分层次地进行创新思维培养和创业能力锻炼的教育。创新创业教育本质上是一种实用的教育。

开展创业教育是新世纪对我国高等教育的新要求，是高等教育走向大众化的必然选择，也是对当前我国大学生创业进行反思的结果。在当前大学生就业形势十分严峻的情况下，大学生创业作为解决就业问题的一项措施日益受到政府和社会各界的关注，在知识经济时代下，高等教育的使命已不再是单纯地被动适应人才市场的需要，而应积极地、主动地适应社会转型，培养大量的能够创造就业岗位的创业者。

目前，大学生创业问题主要有三个方面：一是缺乏没有创新的能力，二是缺乏创业基金，三是怎样面对创业的困难、挫折与失败。许多大学生创业的心理素质比较差，他们既不能充分估计创业的风险，又难以承受失败的打击。更为严重的是，大学生普遍缺乏创业意识和创业能力，诸如管理领导才能、开拓创新能力、艰苦创业精神等。这些能力的培养无疑对传统教育提出了挑战。创业教育的目的旨在不断提高学生的综合素质，增强学生的创新意识、创造精神和创造能力。

大学生创业教育的实施需要高等院校进行教育教学的变革，适应并促进创业教育的开展。

本书是在创新创业教育领域一些思考研究的基础上编写的，并参考一些相关的参考资料，在此向相关作者表示感谢。

由于作者水平所限，书中不妥之处，敬请读者批评指正。

作　者

2019年9月

目　录

第一章　创新创业与创新创业教育

在经济转型升级和创新驱动发展的背景下，创新创业已经成为时代的主题和国家的战略决策。大学生是大众创业、万众创新的主力军，高校创新创业教育的水平和成效，不仅关乎高等教育的发展和人才培养质量的提高，更关乎国家战略目标的实现。以移动互联网、云计算、大数据、物联网、人工智能等为代表的新一代信息技术与教育、医疗、制造、能源、服务、农业等领域的融合创新，发展壮大新兴业态，打造新的产业增长点。“互联网+”时代下大学生创新创业教育模式已经成为我国高等教育改革的一个重要策略。

第一节　概　述

一、创新与创造

（一）创新的概念

创新一词在经济学、管理学中有特定的含义。在现代市场经济条件下，创新往往是一种新的组合。美国经济学家熊·比特关于创新的定义：创新是指新产品的开发、新市场的开拓、新生产要素的发现、新生产经营管理方式的引进和新企业组织形式的实施。

熊·比特所说的“创新”主要是一个经济概念，而不是一个技术概念。它是指经济活动中引入某种“新”的东西，形成新的组合，而这个组合的最初起因可能是知识的创新和技术的创新。

1985年，被誉为“现代管理之父”的美国管理学家彼得·德鲁克发展了创新理论。他提出，任何使现有资源的财富创造潜力发生改变的行为，都可以称为创新。他认为，创新不仅仅是创造，而且并非一定是技术上的，对一项创新的考研并不在于它的新奇性、科学内涵，或是小聪明，而在于推出市场后的成功程度，也就是能否为大众创造出新的价值。这就使人们对创新的理解拓展到技术、产品、管理等诸多领域，极大地丰富了创新的含义。

（二）创造的概念

创造是人的天性，也是人的本质属性。由于创造，人与动物才得以区别。从词源角度来说，“创造”一词最初来源于希腊语 Heurisko，意为“发现”。在汉语中，《辞海》将“创造”解释为“首创前所未有的事物”。《现代汉语词典》的解释“想出新方法、建立新理论、做出新的成绩或东西”。其实，创造一词是由“创”和“造”这两个字构成的，“创”的注释首见于《汉书·叙传下》，颜师古注：“创，始造之也”，成“始造”为“创”，首次把“创”与“造”联系了起来。如果分来开看，“创”在文中有伤、痍、损、惩等意思，其基本含义是“破坏”；“造”有做、为、培养、成就等意思，其基本含义为“建设”，这样“创”与“造”合起来就是“破坏—建设”的意思。

1982 年，日本创造学会曾向全体学院征询关于“创造”的定义，得到 83 种不同的定义，概括起来，大体有“主体论”“过程论”“综合论”几种角度的定义。它们都是不同的创造者根据自己的创造体验总结和概括出来的，因而程度不同地揭示或反映了创造的种种属性。

可见，由于创造现象本身的复杂性，相当长时间内恐怕也不会出现某种统一的创造概念的定义。而且，只要人类对自身创造行为尚存奥秘，任何创造概念的定义都不可能接近其全部内涵，因而也不必竭力去寻求一个包揽无遗的统一的定义。但迄今为止，所有的定义都有一个共同的特点，即“唯创必新”，这是创造的根本特征。

二、创业的含义

对于创业的理论研究，国内外众多的学者从不同的角度都给出了不同的定义。霍华德·H. 斯蒂芬认为：“创业是一种管理方式，是对机会的追踪和捕获的过程，这一过程与其当时控制的资源无关。”杰弗里·A. 蒂蒙斯则认为：“创业是一种思考、推理和行为方式，这种行为方式是社会驱动、注重方法与领导相平衡。创业导致价值的产生、增加、实现和更新，不只是为所有者，也为所有参与者和利益相关者。”

国内学者结合有的研究也给出了相关的定义。王会龙认为创业的核心要素是机会识别，创业是一个创造出新的产品或服务并实现其内在价值的过程。郁义鸿的人指出，创业不仅是一个发掘并捕捉机会的过程，还可以利用已有的资源创造出新的服务或产品，实现和增加其价值。宋克勤把创业定义为创业者通过捕捉和识别商机，利用已有的资源来提供一定的服务和产品，以创造并增加价值的过程。创业本质是一种价值创造活动，而这种价值创造活动既涉及创业主体、创业指导思想以及创业战略，也涉及变革、创新、技术与环境的变化、新产品开发等一系列的问题。

综合来看，创业就是一个发现和捕获机会并由此创造出新颖的产品、服务或实现其潜在价值的过程。创业必须要贡献出时间、付出努力，承担相应财务的、精神的和社会的风险，获得金钱的回报、个人的满足和独立自主。

随着对创业活动考察和研究的深入，创业的内涵也在不断升华。创业企业经营活动的六个层面为创业意识、战略导向、发现机会、把握机会、资源控制、资源配置。因此，创业可被定义为：创业者以一个既定目标为导向，通过运用自己的管理组织、资源整合以及环境适应能力，将市场潜在的机遇或者需求与自己创造性的思维相结合，并承担因此产生的各种潜在风险，来达成既定目标的过程。

三、创意与创意产业

（一）创意

在《现代汉语词典》中，“创意”一词有名词、动词之分，作为名词的“创意”系指有创造性的想法、构思等；作为动词的“创意”是指提出有创造性的想法、构思等。“构思”在《现代汉语词典》中是指“做文章或制作艺术品时运用心思”，“想法”是指“思索所得的结果、意见”。

创意一词，汉语古来有之。最早出现创意一词的古文献是汉朝王充的《论衡·超奇》：“孔子得史记以作《春秋》，及其立义创意，褒赔赏诛，不复因史记者，眇思自出於胸中也，凡贵通者，贵其能用之也；即徒诵读，读诗讽术，虽千篇以上，鹦鹉能言之类也。”由此可见，创意源于个人的想象力、个人生活的积累和才华，在古语中意为在创作中有立义上的创新，与现代意义上的创意一脉相承。宋程大昌《演繁露·纳粟拜爵》云：“秦始皇四年，令民纳粟千石，拜爵一级，按此即晁错之所祖效，非错刱意也”

在英文中，创意并没有统一的专有名词。经常被用来表达创意思的是 creative 或 creativity，指“有创造性的”或是“创造力”，有时被引申为“创意”；而在大多数情况下，创意应为被表达为 idea，原意是思想、主意、电子等。此外，在美国，有时用“未开发的构想”（undeveloper ideas）来表达创意。

通过古今中外对创意的语义分析，我们认为，创意是创新型主意、新颖性想法；是打破常规的思维、创新性构思；或者说是破旧立新的构想、科学创新的点子。创意基本含义有三方面：首先，是创意人大脑思维的产物，是一种主管精神创造的东西；其次，是创新思维的结果或意见，即它是一种已经以一定的脑外物化形式表现出来的东西，这种形式可以是语言、语言的各种辅助手段，也可以是音乐、绘画、舞蹈等艺术符号，甚至是物质实体；最后，创意具有一定程度的新颖性或创造性，是具有新颖性和创造性的想法、构思。

（二）创意产业

随着知识经济的发展和信息技术的普及，传统的产业结构演进规律已经无法描述经济发展的结构特征。在这样的背景下，创意产业作为一种新型的产业类型开始进入人们的视野，并被界定为“源自个人创意、技巧及才华，通过知识产权的开发和运用，具有创造财富和就业潜力的行业”。这一定义后来被许多国家和地区所沿用。人们对创业产业的理解不断走向深化，它不再仅仅局限于内容产业、文化产业的高端，甚至也被看成为思想产业、观念产业、核心产业和关键产业的统称。创意产业在客观上已成为知识经济时代的一个标志性产业，涉及具有高科技含量、高文华附加值和丰富创新度的任何产业。

文化经济理论家凯夫斯对创意产业给出了以下定义：创意产业提供我们宽泛地域文化的、艺术的或仅仅是娱乐的价值相联系的产品和服务。它们包括书刊出版、视觉艺术（绘画与雕刻）、表演艺术（戏剧、歌舞、音乐剧舞蹈）、录音制品，甚至时尚、玩具和游戏。凯夫斯力图描述和总结当代创意产业的特征。在他看来，创意产业中的经济活动会全面影响当代文化商品的公共关系及产品价格。毫无疑问，创意产业的提出建立了一条在新的全球经济、技术与文化背景下适应新的发展格局，把握新的核心要素，构建新的产业构成的通道。

第二节　创新创业教育

一、创新创业教育相关概念

（一）创新与创新教育的概念

1. 创新

1912 年，“创新理论”的鼻祖、美籍政治经济学家约瑟夫·熊彼特在其《经济发展概论》中指出：创新是把一种新的生产要素和生产条件的“新组合”引入生产体系。这种新组合包含五种情况：一是开发新产品；二是采用新的生产方法；三是开辟新的市场；四是掠取或控制原材料或半制成品的一种新的供应来源；五是实现新的工业组织。根据熊彼特的相关界定，创新就是打破经济体系运行过程中循环往复的均衡状态，将经济体系中的一部分生产要素进行重新组合；只有这种要素的重新组合才能称为“经济发展”，并能够通过垄断地位获取利润。

2009 年，现代管理学之父、美籍管理学大师彼得·德鲁克则指出：凡是能够使现有资源的财富生产潜力发生改变的事物都足以构成创新；创新就是要改变资源的产出，通过改变产品和服务，为客户提供价值和满意度。

从熊彼特和德鲁克的界定可以看出，创新的本质就是通过要素资源的重新组合，获取一种垄断地位，提升核心竞争力；在微观层面实现垄断利润或价值增值，在宏观层面为经济社会发展提供动力源泉。

2. 创新教育

创新教育的定义可分狭义和广义两大类。狭义的创新教育是指以具备创新精神、理念、素养、人格和创造能力的创新人才为多层面培养目标的教育活动；广义的创新教育是指以培养受教育者的创新素养、提升受教育者的创新潜能为最终宗旨，而有别于守旧式的、传统教育、填鸭式教育或守成不变的教育形式，可以使受教育者能够进行创新而开展的一种新型教育活动。

对于高等学校来说，创新教育就是培养受教育者再次觉察的探求和摸索能力、重组已有知识的综合能力、运用现有知识解决存在问题的实践能力，以及激励受教育者的创造潜能等一系列相关的教育活动。高等学校作为培育具有学习能力、创新精神和创新人才的重要摇篮，必须使受教育者勇于思考、善于思考、勤于思考，在整个学习经历过程中重视提升个人的思维开拓过程，而不是被动接纳前人的思维与思想结论。

（二）创业与创业教育的概念

1. 创业

创业与创新之间有着天然的联系。熊彼特认为，创新是企业家的功能和职责；而在德鲁克的创新管理经典著作中，创新与企业家精神同样紧密联系在一起。事实上，英文中的企业家和企业家精神也被译为创业者和创业精神，其本义是指商业活动的开办过程，特别是那些能够提供创新产品、过程或服务的商业活动。

创业包括“创”和“业”两个字，“创”是开创、创办，而“业”是事业、业务。国内外政策实践中，创业存在很多不同的理解。从广义上讲，中小企业、新开办企业均被看作与创业相关。从创新经济学角度来看，狭义的创业应该被限定在更小范围，对应的是创业公司、高成长企业等。只有创办以创新活动为支撑的中小型科技企业才算是严格意义上的创业；具有创新特征的创业公司，特别是那些高速成长的科技型创业公司，才是推动经济发展的动力源泉。

1965 年，科尔给出创业的定义：创业是指发起、维持和发展以利润为导向的、企业的、有目的性的行为。2006 年，创业教育领域专家杰夫里·提蒙斯在其经典教科书《创业创造》中对创业的定义：创业是一种思考、推理结合运气的行为方式，它为运气带来的机会所驱动，需要在方法上全盘考虑并拥有和谐的领导能力。

2. 创业教育

1998 年 10 月，联合国教科文组织主持召开的世界高等教育会议通过的《21 世纪的高等教育：展望与行动世界宣言》指出：21 世纪的青年除了接受传统意义上的学术教育和职业教育，应当拥有第三本教育护照，即创业教育。从而在此次大会上正式提出创业教育的概念。

通常，创业教育可分成狭义和广义的两大类。狭义的创业教育是指培养创业者从单纯的求职者转变为岗位创造者过程中，所需要进行的意识、知识、能力、精神及相应实践活动的教育；而广义的创业教育是指培养具有开创性个性的人或人才，使之不仅仅要具备首创思维、创业能力、冒险精神、事业和进取心等相关心理素质，而且要有独立工作能力、相关技术、社会交往和相应管理技能的教育活动。

在高等教育领域内，创业教育是将素质教育与创业教育相融合、凝练，培养学生的心理意识、个性品质、专业知识和创业技能，并具有独特功能和体系的一个全方位的系统整合性教育活动。高等学校要将创业教育的目标提升一个新的层次，同时其与学术研究和职业教育享有同等重要的地位。

（三）创新创业与创新创业教育的概念

1. 创新创业

2015 年 3 月，我国政府工作报告正式提出“大众创业、万众创新”（简称“双创”)。“双创”中“大众创业”显然属于广义的创业，其涵盖范围应该包括所有类型的新开办企业，当然包括以科技创新为基础的高成长科技型创业公司。创新与创业既有区别又有联系，创新更多是思维层面的推陈出新、锐意进取、勇于尝试，精神和态度勇于开拓、转化的一种创造；而创业则关注行动层面上的，在社会经济、文化、政治等相关领域里开创新事业和新企业，并开展新业务，从而将实现新商品或新服务的机会被确认和挖掘出来，给他人及社会缔造、产出新价值与新财富的全过程。

创新是创业的基础源泉和前提，甚至是核心和本质，其价值也在创业；创业是创新的载体和外在表现形式，是创新的目的与归宿，反过来也会推动创新，而且创业成功与否大多取决于创新的程度。

2. 创新创业教育

创新教育与创业教育是两个不可分离的教育理念，二者的价值取向目标是一致的，均是对受教育者创新精神与实践能力的培养，尽管两者提出问题的时间与角度不同，但都是我国大力推动实施素质教育的核心内容。创新教育以创业教育为最终目标，创业教育以创新教育为本质与核心，创新教育是素质教育的重点，其目标是培养具有创新意识和精神，成为创新型人才，以适应国家经济发展。创业教育是全面推进素质教育的重要突破口和实施的关键。

素质教育、创新教育和创业教育三者有明显区别。素质教育强调受教育者的全方位发展，以解决受教育者如何“成人”的问题；创新教育着重关注受教育者的全面发展，以解决受教育者如何“成才”的问题；创业教育着重关注受教育者自身自我价值如何体现和完成，解决的是“成家立业”的问题。因此，高校开展创新、创业教育，实际上是将素质教育、创新教育、创业教育有机融合，提升学生的综合素质，进而促进学生全面发展。

二、创新创业教育发展阶段

高校创新创业教育基本上可以分为“创业”“创业教育”和“创新创业教育”三个阶段。其从背景与目标、认识与行为、范围与层次、内涵与本质四个方面概述创业、创业教育和创新创业教育三个阶段的特征。

（一）创业阶段（1999~2006年）

1999年，中国高等教育开始扩招，背景之一是新增劳动力就业问题凸显。在当时毕业生分配体制下，通过扩招缓解社会就业压力，国家鼓励毕业生自主创业。

2003年，扩招后首届本科生毕业以及当年“非典”特殊情况，导致就业压力巨大。因此，国家提出“鼓励高校毕业生自主创业和灵活就业”，力度更大，措施也更为具体。随后，就业压力不断增加。因此，2004~2006年，国家在鼓励、支持毕业生创业方面工作不断加强，出台一些具体保障措施。

在创业阶段，国家鼓励毕业生“自主创业”并提供支持，其背景和目标是毕业生就业压力大，要解决毕业生就业问题，希望以创业实现就业，同时积极引导毕业生树立自主创业意识。

（二）创业教育阶段（2007~2009年）

随着毕业生创业工作不断推进，认识不断深化，需逐步认识到：（1）创业不仅具有解决就业的功能，创业成功还可以新增就业机会；（2）要创业成功，仅鼓励、引导和支持毕业生创业是不够的，还要培养学生的创业意识、创业精神和实际的创业能力，必须把创业和教育结合起来，实施创业教育。因此，2007年国家提出实施“高校毕业生创业行动”，促进以创业带动就业，要求各高校“以多种形式开展创业教育”，倡导创业精神，培养创业能力。创业教育工作已经由当初的被动寻找和自发行为，变为主动选择和自主行为。

同时，创业教育范围由就业层面进一步拓展到创业层面，主体由毕业生扩展到在校大学生。该阶段创业教育内涵已经发生深刻变化，“创业”和“教育”融合到一起成为创业教育，进行创业教育，不仅要以创业促进就业，更要培养学生的创新精神与创业能力。

（三）创新创业教育阶段（2010年至今）

该阶段经济转型升级，国家确立创新驱动发展战略，“大众创业、万众创新”也成为时代的必然选择。在经济新常态下，“双创”所强调的普通民众对创业和创新活动的广泛参与，对于支撑和改善经济发展仍有着重要的现实意义。

因此，高校创新创业教育目标已大大超越前期以创业实现就业和以创业促进就业的目标，成为国家按照“四个全面”战略布局，坚持改革推动，加快实施创新驱动发展伟大战略的重要组成部分。

第三节 “互联网+”创新创业

一、“互联网+”创新创业的机遇

通过“互联网+”行动计划，发展互联网创业浪潮。实施“互联网+”行动是顺应新一轮技术革命和技术经济范式转换要求的重大举措，将加速新一代信息技术在经济社会各领域的广泛应用和渗透，对于推进工业化与信息化深度融合、实现经济转型升级具有重要意义。历史经验表明，每一次新技术体系的推广渗透和技术经济范式的转换都会伴随各种新经济、新业态、新模式的大量涌现，产生各种新的投资消费需求，为创新创业提供巨大的成长空间。

“互联网+”有利于传统产业改造，通过利用物联网、大数据等手段，促进工业互联网发展，实现传统产业的结构调整与转型升级。“互联网+”可为产业升级提供技术上的支持和思维上的革新，在产业结构调整、加快传统产业转型升级中发挥巨大作用。为了避免中国经济出现“硬着陆”，必须以“双引擎”驱动经济发展：一是要打造新引擎，要通过推动大众创业、万众创新，释放民智民力；二是要改造传统引擎，特别是用信息化改造传统产业，使传统增长点焕发新活力。

“互联网+”有利于催生新兴产业和新兴业态，培育新的经济增长点，打造稳定中国经济增长的“新引擎”。“互联网+”在发展新业态及新兴产业、培育新的经济增长点中发挥着重要作用。互联网与制造业、生活服务业及农业等领域的联系日益紧密，各产业间的深度融合导致更多新业态的出现。“互联网+”加速了产业间的融合，经济潜力巨大。同时，“互联网+”有助于促进现代服务业及战略性新兴产业的发展。

“互联网+”有利于促进商品生产、流通、消费各环节的变革，使产品及服务更加贴近用户。随着消费互联网的建设发展，现有的消费习惯与消费方式逐渐发生改变，网上消费已成为新的潮流。贴近用户是促进商品生产、流通、消费各环节发生变革的重要动力。在生产环节，“互联网+”使生产者得以直接与消费者进行衔接，生产方式逐渐由大规模、单一品种的刚性生产向小规模、个性化定制的柔性生产转变；在流通环节，“互联网+”通过构建扁平化的营销渠道结构等，简化流通环节，降低交易时间及成本；在消费环节，“互联网+”使得消费模式发生颠覆性变革。

“互联网+”有利于促进商业模式的革新，通过平台模式的发展和平台效应的发挥，实现资源要素的跨界整合与效率提升。平台模式与平台经济是“互联网+”的重要特征。“互联网+”时代催生一系列新的商业模式，电子商务平台、众筹平台及在线教育平台等屡见不鲜。与传统商业模式不同，基于互联网的平台型商业模式有利于集聚不同类型的消费者群体与生产者群体，促进交叉网络外部性的发挥。通过这种创新商业模式，有利于提升企业的生产经营效率，减少信息不对称问题，促进资源要素的跨界整合与合理配置，提高经济效益。同时，“互联网+”也带动公司治理模式变革，推进企业边界模糊化、层级扁平化，实现企业运行效率的提升。

“互联网+”有利于个人思维模式的变革，通过树立新的互联网思维理念，带动和推进中国社会更深层次的变革。“互联网+”有助于推动个人思维模式的变革。当今时代，互联网已经成为一种全民共知、共享及共赢的生活方式，个人在工作、学习和生活中将更多地把互联网纳入其中，思维模式也会因此发生变化。相比传统的思维模式，融入了互联网基因的个人思维模式将更好地帮助个体释放潜能、实现个体发展。

“互联网+”有利于降低创业门槛和创业成本、创建更公平的创业环境、扩大创业投资的范围，促进创业浪潮发展，使我国迈向创业型经济。“互联网+”时代为创业提供更为良好的条件，包括更公平的创业环境、更开放的创业空间、更低的创业门槛和创业成本及更活跃的风投资本等。

（1）“互联网+”时代的创业环境更公平。互联网平等赋予每个人获取信息、交流沟通、言论表达、交易等能力和机会，创业环境相对透明公平，且互联网创业以创业者能力为导向，行业竞争更加良性。

（2）“互联网+”时代的创业产业链广阔、衍生性强，与传统产业相比有广阔的合作空间。

（3）“互联网+”具有轻资产特征，大大减少了该领域创新创业的初期投入，互联网创业者只要有创新性项目就可以通过互联网去寻找人才、资金等，大幅降低创业成本。

（4）“互联网+”时代以天使投资、风险投资、私募股权投资等在内的股权投资更加活跃，创业、创新与创投的“铁三角”联系更为紧密。天使投资、风险投资等股权投资具有筛选发现、产业培育、风险分散等功能，对互联网创新创业有重要意义。

二、“互联网+”创新创业的挑战

（一）创新创业实践中的误区与偏差

（1）很多创业者，特别是缺乏社会经验的大学生创业者，对“互联网+”创新创业的残酷性往往没有充分认识和准备。事实上，创业公司存续期短、成功率偏低历来都是无法回避的现实。从欧美调查数据来看，50%以上的创业公司存活时间不足5年。“互联网+”虽然降低了创新创业门槛，但比起传统的创新创业更具残酷性。根植于移动互联网之上的各种新业态、新模式，其网络特性带来的先发优势和用户黏性，更容易形成行业垄断（或寡头垄断）局面。在细分领域中，经常出现行业第一和第二之间的竞争进入胶着和白热化后，行业第三应声倒下的案例。据估算，中国70%的大学生创业都集中在互联网外卖上，模式单一、趋同。在“饿了么”“生活半径”“百度外卖”已经占据大部分市场的情况下，此类“互联网+”创业既没有新意，也很难有太大的生存概率。如果任由类似的盲目创业现象蔓延，可能会造成大量创新创业资源的浪费。

（2）创业者过分追求“互联网+”概念的炒作，追求形式上的创新，而忽略创新的本质，忽略了核心技术、产品质量、服务品质的提升。国内某智能手机公司，其创始人借助自身媒体从业经验，通过炒作博得了不少眼球，但其旗舰手机发布后15个月累计出货量不足30万台。类似的概念噱头还有“××牛腩”“×××烧饼”等。相比之下，华为手机依托自身技术优势，厚积薄发，其旗舰手机发布仅半年出货量便高达400万台。

（3）传统行业的很多企业，特别是国有大企业，对“互联网+”大潮的到来反应迟钝，尚未确立拥抱“互联网+”的积极心态。这在根本上源于传统行业企业，特别是国有大企业，是旧技术体系下的既得利益群体；在新旧技术体系交替和技术经济范式转换过程中，基于（技术上的）路径依赖通常都会表现出一定惰性。具体体现为，因袭原有的信息化老路，对云计算、大数据等基础设施服务缺乏必要的了解和应用，也没有适应消费者作为主导的商业格局的转变。

（二）基础性支撑条件有待改善

（1）与“互联网+”相关的基础设施发展滞后。与美国、欧洲、日本、韩国等发达经济体持续进步相比，中国宽带建设、网速等方面存在很大差距。特别是城乡、中西部的“数字鸿沟”，严重制约“互联网+”创新创业的发展。根据美国最大的CDN服务商Akamai发布的“2014年第三季度全球网速排行榜”，中国平均网速不足4Mbit/s，全球排名第93位；而美国康奈尔大学、欧洲工商管理学院与世界知识产权组织共同编制发布的“全球创新指数”显示，中国信息通信基础设施分项在全球143个经济体中排名第73位。

（2）现行教育体系与创新创业现实需求存在较大脱节，人力资本积累难以满足创新创业，特别是“互联网+”创新创业的需要；突出表现在高等教育质量及职业技术教育方面。2014年GII排名中，中国在高等教育分项上的排名仅为第115位。对于“互联网+”之类的新兴事物，现行教育体系远未建立起系统的人才培养机制。

（3）资本市场发展极不健康，难以满足创新创业的融资需求。中国的资本市场发展也接近30年，总市值规模一度超过60万亿元。在各种因素的共同作用下，资本市场满足融资需求的核心功能并未有效发挥，反而沦为投机炒作的工具；这在2015年6月之前的“疯牛”及此后的“股灾”中表现得尤为明显。

最后，核心技术与欧美国家仍存在较大差距。“互联网+”虽然降低了创新创业门槛，但新业态、新模式的成长和发展最终需要依靠核心技术为根本支撑。近年来，中国在技术创新方面虽然取得了长足进步，但在很多领域的核心技术上，与欧美日等发达经济体仍然存在较大差距。以物联网核心关键技术为例，RFID标签、非接触式智能卡、应答装置、发射接收器等，美日韩排名前三位，核心优势明显。而中国对物联网的研发主要集中在拓展物联网的实际应用层面，对核心关键技术的积累与国外巨头存在10年左右的差距。从实地调研访谈了解的情况来看，即便是华为、中兴等以创新能力突出著称的领军企业，依然存在无法掌握核心技术的情况。

第四节　我国大学生创新创业教育发展状况

一、高校创新创业教育的演进历程

“创新创业教育”是新近出现的全新概念，是适应经济社会和国家发展战略需要而产生的一种教学理念与模式。在创新创业教育概念出现之前，已经有“创造教育”“创业教育”“创新教育”3个概念存在并得到广泛运用，它们之间有什么区别和联系？本书对创新创业教育概念产生之前已经存在的创造教育、创新教育、创业教育在纵向上进行系统梳理。

现代中国创造教育思想提出于1917年，“五四”运动前后是中国创造教育讨论的繁荣期。陶行知既是创造教育思想的集大成者，也是创造教育实验的身体力行者，他不但参与到创造教育的讨论之中，在20世纪30~40年代中国创造教育趋于沉寂的时候，还发表了《创造的教育》《创造宣言》《创造的儿童教育》等演讲和文章。他在将创造教育与生活教育理论和儿童教育思想相结合方面，在促进创造教育理论的中国化、通俗化方面做出了突出贡献，表现出明显特色。改革开放后，创造教育很快在全国兴起。1985年10月中国发明协会成立，标志着国内正式成立了创造学的研究机构；1988年6中国创造学会成立，标志着创造学研究和创造教育正式确立；1992年中国发明协会中小学创造教育研究会成立，全国中小学创造教育步入了有组织、有协调的发展轨道．创造教育进入了持续、蓬勃发展阶段。在此过程中，创造教育积极向高等教育领域拓展，1995年中国发明协会成了高校创造教育分会，定期召开全国高等学校创造教育研讨会。结合创造教育在中国发展的实际状况，张武升认为创造教育的产生与发展绝不局限于教育内部，它直接与社会思想文化的变革相关，与时代变迁同呼吸、共命运。

“创新教育”思想提出于1998年，进入20世纪90年代，中央教育科学研究所于1998年提出“创新教育”的理念，并联合了20多个省市的教育研究机构和大、中、小学校开展了创新教育研究与实验，有力推动了教育改革。1999年下半年以后，“创新教育”的概念开始在全国主要报刊上广泛应用。

中国创业教育的概念在1988年由胡晓风提出，在创业教育思想指引下，四川省合川县（1992年撤县建市）以深入开展“生活教育整体试验”为契机，将各级各类教育均纳入试验范围，进行了广泛的创业教育试验。在此基础上，胡晓风等对创业教育进行了系统阐释，概括了创业教育的概念，“创业教育就是在人生历程之中进行创造和职业相结合的教育”；创业教育以培养合理的人生为宗旨，要培养三方面基本能力：培植生活力、培养劳动力、发挥创造力；遵循三原则：科技、教育、经济三结合，德育为本、创业为用；学问与职业一贯。科学地界定了创业教育的内涵、目标、原则，非常成熟和系统。1990年下半年至1991年9月，由国家教育委员会基础教育司劳技处牵头，成立了国家协调组，并以北京市、江苏省、湖北省、四川省、河北省、辽宁省（简称“五省一市”）作为项目单位，参与了联合国教科文组织亚太地区办事处组织的“提高青少年创业能力的教育联合革新项目”。1992年初至1995年9月，江苏省的“创业教育理论与实验研究”在国家教育科学“八五”规划课题资助下，继续进行了创业教育研究。1990~1995年的理论与实验主要在继续教育、基础教育、职业教育领域进行，通过深入实验与研究，创业教育的核心概念及其周边关系已经得到了科学而准确的界定，为深入推进创业教育实践与研究奠定了坚实基础。2002年4月，在许多高校对创业教育做了有益的自发性探索的基础上，教育部在9所大学开展创业教育试点工作，这标志着中国高校创业教育由自发探索阶段进入到教育行政部门引导下的多元探索阶段。在试点过程中，各高校分别通过不同的方式，探索开展创新创业教育实践，形成了“课堂教学为主导”“以提高学生创业意识、创业技能为重点”“综合式”3种教育模式，为其他高校开展创业教育提供了丰富的参考和借鉴。2008年，教育部立项建设了32个创新与创业教育类人才培养模式创新试验区，并取得了较好成效。试点和试验的成功经验，为在全国高校全面推进创新创业教育起到了重要的示范作用。

随着研究的日益深化，逐渐出现了将创新教育与创业教育统一整合为一个整体的趋势，提出了“创新创业教育”的新概念。“创新创业教育”的提法在2010年被教育部在《关于大力推进高等学校创新创业教育和大学生自主创业工作的意见》中正式采用，并明确地将创新创业教育定义为“适应经济社会和国家发展战略需要而产生的一种教学理念与模式”。这是第一个推进创新创业教育的全局性、纲领性文件，明确了创新创业教育面向全体学生，结合专业教育，融入人才培养全过程的教育价值定位。至此，不同时期基于不同目标而提出的创造教育、创新教育与创业教育在“提高自主创新能力，建设创新型国家”和“促进以创业带动就业”的发展战略的旗帜下实现了高度统一，既彰显了国家战略，又表达了社会需求；既突出了本质规定，又明确了价值取向，成为新时期科学引领高等教育改革与发展方向的全新教育理念和模式。2015年5月，国务院颁布《关于深化高等学校创新创业教育改革的实施意见》，继续沿用了“创新创业教育”概念，并站在国家实施创新驱动发展战略、促进经济提质增效升级，推进高等教育综合改革、促进高校毕业生更高质量创业就业的高度，明确了深化高等学校创新创业教育改革的指导思想、基本原则、总体目标，提出了9项改革任务、30余具体举措，将在高校普及创新创业教育确立为国家长期政策导向。

纵观创造教育、创业教育、创新教育和创新创业教育的历史演进过程，颇有些类似黑格尔关于哲学所做的花蕾、花朵和果实的比喻：“花朵开放的时候花蕾消逝，人们会说花蕾是被花朵否定了；同样地，当结果的时候花朵又被解释为植物的一种虚假的存在形式，而果实是作为植物的真实形式从而代替花朵的。”由此观之，虽然不能将创新教育看作是对创造教育的简单否定，也不能将创业教育看作是对创新教育的简单否定，更不能将创新创业教育看作是对前三种教育的简单否定，但是它们之间确实存在着辩证否定的关系。创新教育对于创造教育，创业教育对于创新教育，创新创业教育对于前三种教育都是“以新的形式与内容肯定了先前的存在”，而在此过程中，作为中介而存在的概念“自身处于生生不已的流变之中，并不断地获得了越来越充实的内容”。虽然今天可以将不同时代产生的创造教育、创新教育、创业教育放在同一时空范围内来考量，提出“创新创业教育”的新概念，但是仍然需要清楚地知道四者在“求同存异”时“被隐去”的时代痕迹。只有如此，才能在时间和空间两个坐标维度中明确四者的位置，所有这一切，都有助于对创新创业教育的科学理解。

二、中国高校创新创业教育的探索与实践

（一）中国高校创新创业教育的兴起

关于中国高校创新创业教育的起点和具体标志性事件，主要有两种代表性观点。第一种认为起点是1997年，以清华大学创业计划大赛作为标志性事件。有研究认为，1997年清华大学创业计划大赛的举办正式拉开了创业的帷幕，高校创新创业教育在清华大学首开先河。这一说法的起始年份正确，但是具体标志性事件有误。之所以不能以清华大学首届创业计划大赛作为中国高校创新创业教育在1997年开始的具体标志性事件，是因为清华大学首届创业计划大赛开始于

1998 年 5 月。第二种认为起点是 1998 年，有学者直接将中国高校创新创业教育的起点定在了 1998 年，认为中国大学生创业大潮发轫于 1998 年 5 月清华大学首发并组织的创业计划大赛。这一提法在知识点上是准确的，但是却把中国高校创新创业教育的起点拖后了 1 年，也是不可取的。

本书认为中国创新创业教育的起点是 1997 年，标志性事件是清华大学开设创新与创业方向课程，原因有两个。一是《创新创业教育在中国：试点与实践》研究报告记载："1997 年，清华大学经济管理学院最早在国内 MBA 培养计划中设立专业方向，在 MBA 项目中开设了创新与创业方向，中心的成员是创新和创业课程的教员。"根据这一记载，中国高校的创新创业教育开始于 1997 年，它的标志是清华大学经济管理学院在 MBA 项目中开设创新与创业方向课程。二是据雷家辅教授回忆，1997 年，清华大学就实际开设了"创新与创业管理"管理方向课程，1998 年学校正式批准了这门课程。虽然在 1997 年并没有取得学校的正式课程批号，但是毕竟是以融入其他课程的方式实际开设了这个方向的课程。据此，将清华大学经济管理学院在 MBA 项目中开设创新与创业方向课程作为中国高校创新创业教育在 1997 年开始的标志。

（二）中国高校创新创业教育的发展阶段

中国高校创新创业教育以 1997 年为起点，到目前为止经历了 4 个发展阶段。

1. 高校自发探索阶段（1997 年至 2002 年 4 月）

1997 年开始，清华大学、复旦大学、华东师范大学、武汉大学、北京航空航天大学等高校对创新创业教育做了有益的自发性探索。2002 年，中国高等教育毛入学率首次达到 15%，进入了大众化阶段，实现了历史性的突破。当年 4 月，教育部高等教育司组织召开的普通高等学校"创新创业教育"试点工作座谈会敏锐地洞察到这一重大变化，明确指出"高等学校一方面要不断提高人才培养的质量和社会适应性，同时也要加强对学生的创新意识、创新精神和创业能力的培养"，巩固和提升了高校自发探索阶段取得的成果。

2. 教育行政部门引导下的多元探索阶段（2002 年 4 月至 2010 年 4 月）

2002 年 4 月，教育部在 9 所大学开展创新创业教育试点工作，试点过程中，探索形成了三种教育模式：以中国人民大学为代表，以课堂教学为主导开展创新创业教育模式；以北京航空航天大学为代表，以提高学生创业意识、创业技能为重点的创新创业教育模式；以上海交通大学为代表，以创新教育为基础，为学生创业提供实习基地、政策支持和指导服务等综合式创新创业教育模式。2008 年，教育部通过"质量工程"项目，又立项建设了 32 个创新与创新创业教育类人才培养模式创新试验区，取得了较好的预期成果。

3. 教育行政部门指导下的全面推进阶段（2010年4月至2015年5月）

2010年5月，教育部颁发《关于大力推进高等学校创新创业教育和大学生自主创业工作的意见》，这是第一个推进创新创业教育的全局性文件。教育部成立了由知名企业家、企事业单位专家、高校教师、有关部门负责同志参加的“教育部高等学校创新创业教育指导委员会”（简称“创指委”）。“创指委”是在教育部领导下，对高校创新创业教育工作进行研究、咨询、指导、评估和服务的专家组织。教育部建立了高教司、科技司、学生司、就业指导中心4个司局联动机制，形成了创新创业教育、创业基地建设、创业政策支持、创业服务“四位一体、整体推进”格局。2012年8月，教育部印发《普通本科学校创新创业教育教学基本要求（试行）》，对创新创业教育的教学目标、教学原则、教学内容、教学方法和教学组织进行了整体规划和顶层设计，推动高等学校创新创业教育科学化、制度化、规范化建设，逐步形成了“政府促进创业、市场驱动创业、学校助推创业、社会扶持创业、个人自主创业”的局面。

4. 国家统一领导下的深入推进阶段（2015年5月至今）

近10年来，两个政策导向极大地促进了创新创业教育发展。一是“以创带就”，始于2007年。党的十七大报告明确提出了“实施扩大就业的发展战略，促进以创业带动就业”的战略方针，指出：“完善支持自主创业、自谋职业政策，加强就业观念教育，使更多劳动者成为创业者。”在“以创带就”政策导向下，高校创新创业教育立足于就业这样一个最大的民生问题展开，围绕社会和谐与政治稳定，将“自主创业”作为灵活就业的两个方式（另一个为“自由职业”）之一，千方百计解决大学生就业问题。二是“大众创业、万众创新”，始于2015年。2015年《政府工作报告》明确将大众创业、万众创新和增加公共产品、公共服务作为驱动经济发展的“双引擎”，明确指出，大众创业、万众创新既可以扩大就业、增加居民收入，又有利于促进社会纵向流动和公平正义。个人和企业要勇于创业创新，全社会要厚植创业创新文化，让人们在创造财富的过程中，更好地实现精神追求和自身价值。此后，大众创业、万众创新的浪潮在中国迅速兴起。在这种社会氛围中，2015年5月，国务院颁发了《关于深化高等学校创新创业教育改革的实施意见》，站在国家实施创新驱动发展战略、促进经济提质增效升级，推进高等教育综合改革、促进高校毕业生更高质量创业就业的高度，明确了深化高等学校创新创业教育改革的指导思想、基本原则、总体目标，提出了9项改革任务、30条具体举措。由国务院发布文件，推进深化改革，标志中国高校创新创业教育进入了国家统一领导下的深入推进的新阶段。新阶段，高校创新创业教育已经由“以创带就”拓展为以大众创业、万众创新驱动经济社会发展，创新创业教育的实质拓展为以创新为基础的创业，支持创新者去创业，使创新创业成为驱动经济社会发展的引擎。

（三）高校创新创业教育存在的问题

1. 育人合力尚未形成

高校创新创业教育各有优势、各有特色，遇到的瓶颈问题也不尽相同。办学实力较强的综合性高校在“学而优则仕”的传统教育观念影响下，学生自主创业意愿不强，创业项目的转化落地率较低，创新创业教育的“锦标观念”突出，功利色彩较浓；普通高校及高职院校受限于学校学科力量较弱，缺乏对创新创业教育工作的科学研究和理论提升，缺少高水平的教师队伍，教材编写困难重重，无法吸引优质社会资源与学生创业项目的有效对接。这些问题的根本原因在于创新创业教育的氛围刚刚形成，全国各地区的成功案例及典型经验尚未形成和推广，各省对于扶持高校开展创新创业教育的平台建设和政策支持也在逐步确定的阶段，尚未在行业内或区域内形成资源互补和良性互动，无法形成发展的合力。

2. 运行机制尚未成熟

运行机制包括三种类型：一是“独立式”运行机制，设立专门的教育管理机构，由专职人员负责学校创新创业教育的开展；二是“嵌入式”运行机制，依托工商管理学院、商学院成立了相关教学管理机构，多由兼职教师负责相关工作的开展；三是“联动式”运行机制，由学校领导牵头，协调教务、学生、就业、科技创业园区等机构成立了工作指导委员会，各部门协同负责，这也是目前高校较为普遍的运行机制。由于尚未进行制度层面的顶层设计，高校对于开展创新创业教育工作的认知程度和执行力度也不尽相同。大部分高校还未设立专门的教育管理机构，领导协调、分工负责的工作体制正在磨合中，在促进工作的可持续发展、提升工作效益、形成工作合力方面仍存积弊。

3. 学科体系亟待建立

创新创业教育学科体系尚未建立，师资队伍相对匮乏、教学方法尚需改进、教材建设问题尤其突出。师资队伍建设方面，专职教师的专业化、职业化程度相对较低，缺乏对创新创业教育课程的科学设计和深入研究；兼职教师缺乏准入标准，队伍流动性大，缺少认证体系和激励机制。教学方法革新方面，在提升教学实效和共享教学资源上面临着双重挑战。创新创业教育课程在大部分高校都为辅修课程，在学生投入精力有限、获取知识的渠道日益多元的背景下，课堂教学的局限性日益凸显；创新创业教育是非常注重模拟和实践的课程，如何实现资源共享是提升创新创业教育整体水平的重要环节。教材建设方面，教材数量少、种类单一、针对性差，这些成为制约发展的瓶颈问题，其根本原因在于创新创业教育的学科建设尚未完成，科学研究刚刚起步，对诸多理论问题的研究也未达成共识。

三、中国创新创业教育的发展趋势

（一）“面向全体”是主流趋势

教育部于2010年和2012年分别颁发文件强调“创新创业教育要面向全体学生”，各高校也通过多种方式积极贯彻“面向全体”的教育理念，从创新创业教育的目标和对象对其做出解读，认为“面向全体”是以培养所有学生的创业观念、知识和能力为目标，重点在于创业意识启蒙和创业知识普及。事实上，“面向全体”的创新创业教育有更为广阔的科学内涵，例如，有的学者提出的“广谱式”和“全校性”创新创业教育，就是“面向全体”理念的深化和具体化。有的学者将“面向全体”的创新创业教育分为初级、中级和高级3个发展阶段。本书认为，以数量增长为核心目标的初级阶段已经结束，当前正处在以组织转型为目标的中级阶段，应该加快深化改革的步伐，尽快过渡到高级阶段，实现理念置顶、和谐共存、创建生态系统的核心目标。

（二）形成特色鲜明的教育模式是重要途径

高校创新创业教育的特色模式主要有“校本模式”“区域模式”“行业模式”三类，高校在坚持“校本模式”的同时主要呈现出向区域特色和行业特色发展的趋势。未来各高校创新创业教育要形成“三位一体、特色鲜明”的模式，即各高校创新创业教育模式要将“校本、区域和行业”三方面有机结合，统筹协调、紧密联系，以实效性作为创新创业教育模式选择的判别标准，形成具有鲜明特色的创新创业教育模式，使不同高校创新创业教育的效果最大化。“三位一体、特色鲜明”模式的核心在于“利益契合、准确定位”，高校结合实际，积极探索研究与区域特色、行业特色融合的利益契合点，让地方政府、企业通过“官产学”合作的形式积极参与创新创业教育，为创新创业教育提供资源，并构建高校自身发展与区域经济和行业共同进步的良性互动机制，整合校内外资源，最终实现区域特色、行业特色与高等教育的协调、互动和可持续发展。

（三）完善教育体系是实现纵深发展的关键

创新创业教育体系的核心是课程教育体系和实践教育体系，发展的方向是通过“课程实践化、实践课程化”，实现从“知行并重”到“知行融合”的跨越。

1. 创新创业教育课程体系的实践化

创新创业教育课程体系的实践化包括“课程内容实践化”和“教学方法实践化”两个方面。“课程内容实践化”是指教学内容要与创业实践紧密结合，在创新创业教育课程中增加创业实践内容。在增加创业实践内容的同时，也不能弱化理论知识，创新创业教育课程内容实践化不等于“去理论化”，不能将理论与实践对立起来，而是将二者有机融合，通过实践案例来丰富理论知识，通过理论知识来指导创业实践。“教学方法实践化”是指在教学中综合运用开放式、互动式、研讨式、案例式等多种实践取向的教学方法。在课程教学中综合运用模拟教学、活动教学，体验教学、案例教学等方式，在课堂上增加学生的创业实践体验，可以在一定程度上弥补创业实践教育体系覆盖率低的不足。

2. 创新创业实践教育体系的课程化

通过创业实践，学生学习的创业理论知识得以运用，在实践中积累创业的相关经验。创业实践教育体系包括竞赛、园区和活动等载体，当前应该在科学规划基础上，完善现有载体、探索新型载体、强化育人功能，实现创业实践教育体系的规范化发展。一要科学规划，将创业实践教育与专业实践教育有机结合，在内容、形式、师资、管理和保障等方面参照“课程”体系的标准去建构和完善；二要转变实践教育观念，使学生和教师正确看待创业实践的目的和意义；三要规范实践教育过程，突出强化实践教育的育人功能；四要完善实践教育考核方式，轻结果评比，重能力培养。

（四）构建系统化协同推进的支持体系是有力保障

创新创业教育是一项系统工程，需要体制机制、师资队伍、社会资源等多个因素作为支撑保障。

1. 成立大学生创新创业教育专门机构，完善体制机制

创新创业教育的深入发展对于机构和制度保障要求越发强烈，建立专门的大学生创新创业教育机构，并健全制度、理顺机制是未来发展的趋势。具体而言，要结合自身特点成立大学生创业学院或中心，要把创新创业教育和大学生自主创业工作纳入学校重要议事日程；理顺领导体制，建立健全教学、就业、科研、团委、大学科技园等部门参加的创新创业教育和自主创业工作协调机制；统筹校内资源，整体规划和协调创新创业教育、创业基地建设、创业政策扶持和创业指导服务等工作，明确分工，确保人员、场地、经费投入。

2. 打造“三师型”师资队伍

一方面是重点建设、完善师资队伍结构中的“三种类型”，理论型的校内专职教师、综合型的校内外兼职教师、实践型的社会兼职教师。另一方面是教师必须具备“三种素质”，能讲课，拥有“广而深”的专业知识；能咨询，拥有“精而专”的实践技能；能实战，拥有“丰而强”的创业阅历和能力。从而提升教师水平，优化教师结构，突破质量瓶颈。

3. 构建科学化、规范化、具有可行性的产学联盟支持系统

产学联盟是一种全新的合作形式，包括各高校之间的高校联盟及企业间的企

业联盟。产学联盟支持系统的构建有 3 个原则，即利益契合、优势互补、资源整合原则；包含 5 个子系统，即作用系统、平台系统、组织保障系统、机制保障系统和过程控制系统。通过作用系统推动高校和企业相互合作，具体合作途径则通过平台系统实现，通过组织保障系统和机制保障系统确保产学联盟的有序有效运行，通过过程控制系统对合作支持系统进行控制，对创新创业教育提供资源、实践、经验和研究支持。

第二章 “互联网+”背景下大学生创新创业的影响因素及路径

当前中国经济和社会发展正处于深刻调整期，大学生创业面临着严峻的形势，主要表现在以下5个方面：一是自主创业环境不理想；二是缺乏获取启动资金的机会；三是大学生创业能力有待提高；四是家庭社会支持力度不够；五是缺乏可操作性的项目。

对大学生而言，创业不仅是为了解决个人生计，更是为了实现自己的理想。大学生创业是目前解决就业困难的一个重要途径，也是大学生实现人生自我价值的一个重要途径。目前，大学生正处在从理论到实践、从求知到创业的重要转折时期，大学生科技创新、自主创业越来越成为人们关注的话题，它对个人及社会都会产生深远而积极的影响。然而，自主创业是一项极具挑战性的社会活动，是对创业者自身智慧能力、气魄胆识的全方位考验。

除了个人的素质和能力影响创业以外，家庭、学校、社会及亲戚朋友等因素都会影响大学生自主创业。大学生创业影响因素主要可分为四类：学生的个人背景、个人特质、创业综合素质及创业环境。

第一节 “互联网+”背景下大学生创新创业的影响因素

一、个人背景对其创业的影响

个体价值观的形成与个人背景息息相关，大学生创业价值观的形成也是如此。每个个体从生物人经社会化后逐步成为社会人是一个漫长的过程。在社会化期间，个体通过对自身外在环境的接触，不断接收到外来环境的信息，这些信息包含社会的方方面面。每个个体从出生开始，首先接触到的是家庭及家庭周围的社会环境，包括人文地理、风土习俗等。每个家庭的构成、社会关系、经济情况是不同的。在整个漫长的社会化过程中，由于不同个体所接触的外部环境不一样，加之家庭对其后天的教育也不尽相同，这就决定了不同个体会形成不同的价值观。价值观随着性别差异的出现而不断变化，随着年龄的增长，不断地与不同社会群体接触，教育程度逐步加深等，个人对外在环境会形成不同的评价。当成为大学生这一社会群体后，又存在专业的区分及学历的差别，这些因素经过个体大脑的加工形成了不同的观念，这就使每个大学生的价值观存在显著差异。这些价值观方面的个体差异包括两个方面：一方面是对自身的价值定位（即个人价值），包括对物质财富的评价与追求、对个人需要的定位与满足、对社会关系的认知与建立、对个人权力与欲望的追求、对个人成就的渴望、对社会地位的向往、对社会认同的期待、对个体思想的验证追求等；另一方面是个人的社会价值定位，这些包括个体对他人、国家、社会等的付出意愿。

大学生的性别、年龄、专业、学历、经验、个人特长、家庭出身、家庭成员、从业结构等个人背景因素对创业都有着不同程度的影响，主要表现在创业态度、创业意愿及创业能否成功等方面。

（一）个人特质对其创业的影响

早期研究中，创业者被认定为拥有一组特定的个人特质，创业行为由创业者的个人特质所驱动。美国国际开发署调研发现，成功创业的特质体现在 14 个方面，积极主动、执着、注重效率、关心质量、预测风险、有独创的解决问题的方法、发现和利用机会、有说服力、亲自寻找信息、系统的计划、履行合同、有决断力、有信心、使用有影响的策略。斯蒂沃特在研究和验证创业目标和个性特征关系时，指出不同创业动机水平的大学生个人在特质上存在着较为明显的差异。凯琼维特斯认为控制源、成就需要、风险取向、精力水平、需要、自主水平、个体自我控制和思想等特质影响大学生创业。

（二）创业综合素质对其创业的影响

大学生的创业综合素质是指大学生在创业活动中所呈现出来的一种综合的胜任能力，包括创业意识、创业精神、创业知识、创业能力和创业思维五大部分。

1. 创业意识

创业意识是指创业者根据自身和社会的发展需要而引发的创业动机或愿望。创业意识是市场经济的法律规范、主体市场的预测分析在思维意识中形成的价值追求，是一个创业者素质的最为核心的要素。创业意识是提高其创业认识，进一步提高创业素质的思想前提，是创业活动过程中的内在精神动力。大学生创业应该具有强烈的事业心，追求卓越、重视效益的态度和及时掌握信息的能力。

2. 创业精神

创业精神是创业者主观世界中具有开创事业的品质和意志力。创业是一个较为复杂和特殊的过程，在此过程中需要创业者时刻保持创业热情，树立坚定的必胜的信念，保持高度的责任心。也就是说，创业的大学生需要具备高度的社会责任感和诚信的优良品质，除此之外，良好的心理素质、合作精神、冒险精神和竞争意识也是必不可少的创业精神。

3. 创业知识

创业知识主要包含两个方面：一方面是创业的基础知识，主要体现在商业知识、市场运作、法律法规等方面；另一方面是需要掌握专业知识，主要是指大学生在校期间所学的专业课程知识，如经济学、市场营销学、管理学、人力资源管理、会计、财务管理、商法、税法、公司法等。

4. 创业能力

创业能力是一种决定创业能否成功的关键因素，主要表现在能否在创业过程中恰到好处地运用所拥有的知识解决具体问题的能力。创业能力是个人综合能力的一种体现，在创业的过程中发挥着不可替代的作用，在一定程度上决定着事业的持续扩大与发展。创业能力是创业者各方面能力的综合，包括学习能力、沟通能力、领导能力及决策能力等。

5. 创业思维

创造性思维是创业者应具备的一种重要素质，运用创造性的方式、方法解决所面临的难题或者筹划未来发展，其主要包括系统思维、发散思维、创新性思维和逆向思维等。另外，大学生的创业活动与外在的宏观经济环境有着密切的关系。宏观环境主要包括政府的支持政策与倾向、当地的经济发展水平和生活水平及生态环境、信息环境和创新文化，此外，也包括市场、技术环境和相关的行业发展状况。

二、创业环境对大学生创业的影响

大学生创业环境可划分为两个方面，即软环境和硬环境。软环境是指国家给大学毕业生提供的创业相关的优惠政策法规和措施；硬环境是指大学毕业生从风险投资机构所能获得的创业支持。国家政策和法律对大学生创业的支持，是构成创业动力的政治基础。

（一）教育环境的影响

高校拥有大量的无形资产，巨大的无形资产优势与品牌效应也为企业的快速发展奠定了基础。高校本身的信誉度较高，在市场运作中，其产品更容易被客户认可，产生品牌效应，而大学科技园在形成技术创新和技术转移平台，在培育创新环境、培养创业人才、孵化科技企业、推进技术转移等方面，对推进高新科技企业的发展都将起到作用。大学生创业的发展离不开具有创新创业精神和能力的人才，培养具有创新创业能力的一流人才，是高等教育承担的重大历史责任，也是高等院校教育发展的一个巨大契机。高校的创业教育创新性直接影响了大学生的创业效应。创业教育包括创业技能教育和创业精神教育两种。创业技能教育是高校通过开设具体技能课程，提高大学生的创业成功率。中国开展创业教育起步晚，近几年随着高校学生就业压力的不断增加，许多高校在鼓励其毕业生创业的同时，也提供一些必要的创业教育服务。自20世纪90年代开始的创业教育已经在全国高校铺开。

由于中国长期实施应试教育，学生的个性发展受到一定程度的限制，导致创新创业意识的缺乏，观念也以求稳为主，因此实施创业精神教育和技能教育相结合的教育方式能够使中国大学生创业走得更远。为此，中国高校必须尽快地、大胆地进行教育的改革创新，以便为社会不断地输送具有创造性思维和创新能力的各种人才。创新创业教育的本质是提高学生的创新创业素质，了解什么是创新创业，如何创新创业，怎样创新创业。创业教育的非功利性应体现为“揭示创业的一般规律，传承创业的基本原理与方法，培养学生的企业家素质，而不是以岗位职业培训为内涵，或以企业家速成为目标”。创新创业教育是结合专业教育传授创新创业知识，培养学生的创新创业能力和创新创业品质，使学生毕业后大胆走向社会，实现自主创新创业和自我发展的教育。因此，建立符合创新创业人才培养的一个完整的教学体系和管理体系才是出路。

（二）社会环境的影响

影响大学生创业的社会因素有两个方面：一是社会为大学生提供的创业硬软件环境；二是大学生创业的社会舆论。对大学生自主创业来说，“硬”的社会环境主要指风险投资机构对大学生创业项目的关注和扶持；“软”的社会环境是指与大学生自主创业相关的政策环境、法律环境、商业环境。整个社会对大学生自主创业的看法，不但影响大学生的择业，还影响大学生自主创业的成功。值得一提的是，最近几年来，新闻媒体高度关注大学生的自主创业，人们也纷纷议论大学生的自主创业，对大学生自主创业的宣传和评论存在“严重偏离适度”的误区。对大学生自主创业吹捧或者过度唱衰都是不可取的，应该正确对待大学生自主创业，正确评价大学生创业。从大学生创业选定的行业来说，行业发展空间与社会、政府对个体支持的影响相比较，其对大学生创业有直接的关系，行业发展空间的大小与大学生创业的意愿和创业成功与否呈正相关。

（三）家庭环境的影响

大学生个性特征及背景与家庭环境有着密不可分的关系，不同家庭环境中的子女，他们的价值观、世界观、人生观及性格和爱好都存在较大的差异。研究表明，创业者的亲戚是否拥有自己的公司对大学生创业会产生不同程度的影响。家庭成员或者大学生社会交际圈内的人员的创业经历可能对其的创业态度和动机产生直接影响。亲戚朋友的交际圈中有正在创业的或有创业成功经历的都会对大学生的独立判断力、职业生涯的发展规划起到积极的引导作用，在一定程度上起到了推动大学生创业的作用。除此之外，家庭对大学生创业支持与否，从某种程度上是影响大学生是否能够走上创业之路的关键因素。

提倡和鼓励大学生创业，是提高大学生能力素质和心理素质的一条有效途径，它能够给平时一心只读圣贤书的大学生提供一个直接接触社会的机会，对开阔视野和提高创新能力都是十分有益的。另外，创业过程中的共同合作，能够增进彼此之间的了解，增强学生团队协作精神。大学生往往对新发明新创造充满最旺盛的活力，对新的高科技具有敏锐的触觉及强烈的开拓进取意识，而这些正是加速科技成果市场化进程中不可缺少的。同时，大学生创业有力地促进了创业教育的改革和发展。不论大学生的创业成功与否，经过创业实践活动的锤炼，将能培育出一大批创新型人才，造就一支高素质的企业家队伍，并塑造一批未来社会的中坚力量。

第二节 “互联网+”背景下大学生创新创业的路径选择

在经济社会转型升级处于关键时刻，在创新创业成为一种社会需求的今天，大学生创业是大势所趋，是现实需要，纵观西方发达国家，经济的可持续发展都是靠大学生创新创业驱动的。

一、大学生创新创业路径培育

（一）大学生创业的现实需求

第一，大学生创业是经济平稳转型的形势所需。国内正处于经济社会转型发展的重要时期，创新型人才的缺乏使得企业的转型尤为艰难，而创新创业教育尤其是高校的创新创业教育是培养高技能创新型人才的有力保障和重要平台。浙江省是民营经济活跃的地区，更加需要创新创业的高技能型人才，这为浙江省高校的创新创业教育提供了难得的发展机遇。高校应该顺势而为，积极适应市场要求，主动求变，培养出具有区域特色的创新创业高技能人才，让更多的学生愿意创业、敢于创业、喜欢创业、崇尚创业，形成创新创业的良好氛围。纵观发达国家，创业已成为一种潮流，成为社会经济快速发展的不竭动力，创新创业教育无疑成为增强国家经济实力、解决就业问题的一个良策。

第二，大学生创新创业教育已成为高等教育改革的必然趋势。2015 年两会上，李克强总理在《政府工作报告》中指出，要把“大众创业、万众创新”打造成推动中国经济继续前行的“双引擎”之一。他强调，推动“大众创业、万众创新”是充分激发亿万群众智慧和创造力的重大改革举措，是实现国家强盛、人民富裕的重要途径，要坚决消除各种束缚和桎梏，让创新创业成为时代潮流，汇聚起经济社会发展的强大新动能，这必将激发新一轮的创业高潮。社会对创新创业人才的渴求史无前例，也必将推动高等教育改革加速进行。高等教育改革将成为一种势不可当的趋势，创新创业教育是高等教育改革的有力突破口，是高等教育尤其是职业高等教育的必然选择。

早在 1998 年，世界高等教育会议上发表的《高等教育改革和发展的优先行动框架》强调指出，“高等学校，必须将创业技能和创业精神作为高等教育的基本目标”，要使大学生“不仅成为求职者，而且逐渐成为工作岗位的创造者”。

第三，创业成为大学生自我发展的需要。大学生是国家的栋梁、国家的希望，具有强烈的责任心，是知识密集型群体，他们对自我价值的实现比一般人更强烈，想实现自身的全面发展，为国家建设发展做出自己应有的贡献，而创业就是其实现人生价值的最好舞台。通过创业，可以把自身的聪明才智很好地展示出来，为社会创造出更多价值，在实现社会价值的同时实现自己的人生价值，以自己的创业带动更多的人就业，帮助更多的人实现就业，从而实现社会的和谐稳定发展。

（二）基于互联网环境下大学生创新创业路径培育

互联网技术的飞速发展已经影响到生活的各个角落，而其对高等教育的影响不言而喻，教育改革的呼声也越来越高，创新创业教育是高等教育改革的有效途径和突破口。基于“互联网+”技术的高校创新创业教育体系的构建意义重大，体系间是一个周而复始、循序渐进的过程。课程的合理设置能够实现其目标，也是实施创新创业教育的主要途径。

第一，根据大学生的特点和需要，利用“互联网+”技术构建立体式、全天候、高覆盖的自助课程体系，如开发专门的创新创业教育网站，涵盖创业经典故事、创业网络课堂等，上网的次数和时间可以折算成课时作为学分计算；制作“碎片式”手机 APP 移动创业课堂，给予一定的流量补贴，激发学生随时随地学习创业课程；建立校方创业微信群，让创业者有问题随时得到解答等；建立创新创业教育大讲堂，定期举办活动，逐渐办成有影响力的品牌课堂。

第二，发挥互联网的优势构建创业文化体系。结合学生自身特点成立创新创业教育社团，并以此为依托，不断加大人、财、物的投入，大力开展创新创业教育活动，形成较有影响力的品牌活动，营造良好的创新创业教育氛围；在学报专刊、校报校刊、校园广播、橱窗板报、校园文化长廊、网络等各种刊物媒体上开辟创业宣传阵地，对创业文化和成功创业事迹大力宣传弘扬，加大对学生成功创业典型的表彰和奖励力度，以此全方位激发他们的创业意识。浓厚的创新创业教育文化氛围，在潜移默化中使学生的创业知识得到增加，创业意识得到提升，创业意愿更加强烈，从而促使大学生增加创业的内在驱动力，迈出创业的第一步，使自身的理想和专业技能有机结合，最终成功创业。

第三，发挥互联网优势，为学生提供资讯服务。在互联网技术突飞猛进的今天，谁不能很好地利用互联网技术，谁将失去主动权。青年大学生是互联网的主流消费者，高校可以开发相关的 APP 手机客户端，及时推送有关创业知识和创业讲座信息等，让学生时时接受创新创业教育的熏陶，感受创业的魅力；建立网上创业答疑系统，随时解答学生的提问；建立本校的创业微信群，让有志于创业的学生能够充分交流沟通，信息共享；加大投入，建立企业家与学生互动交流的平台系统，让企业家与学生能实现实时互动，学生通过平台找到合适的企业进行创业实习。

第四，基于互联网技术构建创业实践体系。创业是一种实践性很强的活动，要利用“互联网+”技术设置一系列创业实践活动，改变传统的实践方式。例如，构建线上线下创业实践平台、网上模拟创业；校方可利用“互联网+”技术建立网上大学生创业园，组建学生创业公司，线上线下实战经营；建立远程创业视频系统，与创新创业教育专家和创业成功人士互动交流，创业实践活动要突出“创造性、实践性”特色。实践基地应由相关主管校领导牵头负责，通过建立长效机制来保障实践基地的有效运作，通过建立一套相关的考核制度来促进学校各部门参与到学生的创新创业教育工作中来。要把创业实践基地纳入日常教学管理工作中，进行相应的预算投入，在人、财、物等方面来保障实践基地在创新创业教育中发挥实效。

第五，以“互联网+”技术为支撑构建创新创业教育评价体系。实证研究中，创业综合素质、创业能力的提高、创业学生的数量等三方面指标不能全面反映创新创业教育的实际状况，为更好地确定创新创业教育实施情况和最终效果，需利用“互联网+”技术建立以创业率、创业成功率、创新创业教育影响力等因素为核心指标的创新创业教育评价体系；建立相关模型，用大数据分析法，得出科学结论，以推进创新创业教育健康持续发展。

第六，建立相应的创新创业指导服务机构，如图 2-1 所示。

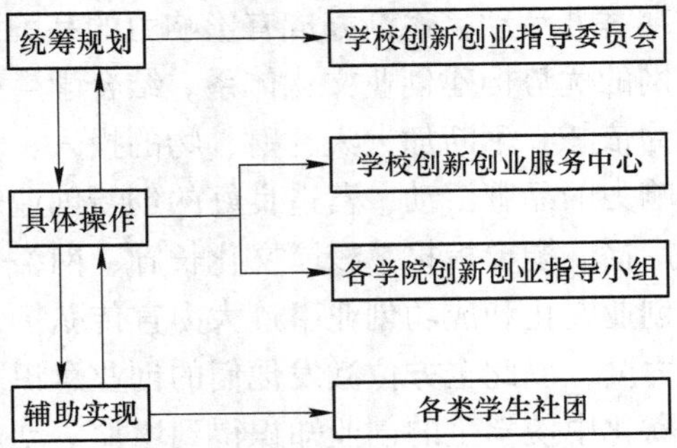

图 2-1　大学生创新创业指导服务组织

二、大学生创新创业路径模式

（一）大学生创业路径演绎规律模型

大学生创业者在创业实践中不断地从变动的市场环境中学习和模仿，创业模式是一个伴随着创业者学习曲线和外部环境变迁而不断演化的过程，必须从动态和演进的视角审视大学生创业模式。大学生创业模式的动态演化过程强调内在资源禀赋、内部创造力与外部机会、外部资源的不断优化重组，不同类型的初创模式具有不同的特征和资源能力，因而其各自的演化和成长路径也是不一样的。根据不同类型的初创模式所具有的不同特征和资源能力，可以将创业模式的内生演化分为五种不同的路径，如图 2-2 所示。

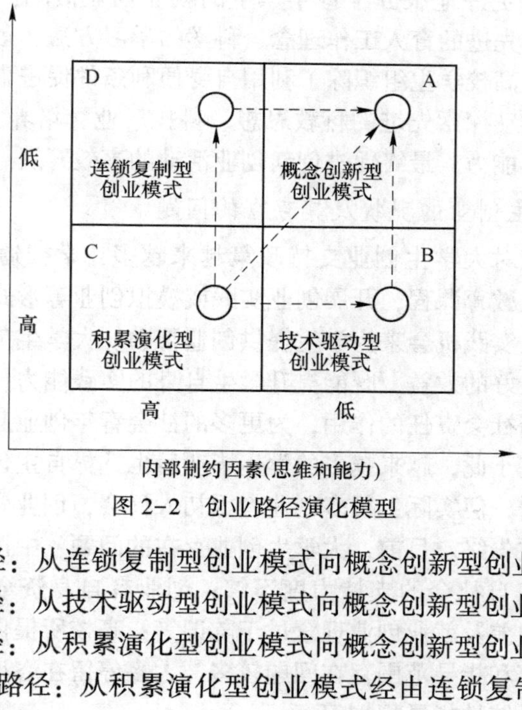

图 2-2　创业路径演化模型

（1）D→A 路径：从连锁复制型创业模式向概念创新型创业模式演化。

（2）B→A 路径：从技术驱动型创业模式向概念创新型创业模式演化。

（3）C→A 路径：从积累演化型创业模式向概念创新型创业模式演化。

（4）C→D→A 路径：从积累演化型创业模式经由连锁复制型创业模式向概念创新型创业模式演化。

（5）C→B→A 路径：从积累演化型创业模式经由技术驱动型创业模式向概念创新型创业模式演化。

（二）学生组织拓展大学生创业路径

高校学生组织在对青年进行引导、教育、管理时，需要充分发挥学生自身的优势，从而更好地服务于大学生的创新创业活动，为创新人才创造一个健康的外部环境，利用新思维和新技术促进集创新思维、创新能力及创新精神于一体的大学生的培养。

1. 各类学生组织促进大学生创业的重要性和可行性

开展促进大学生创业活动，可以充分发挥高校基层学生组织自身优势，结合党和政府对学生的期望、社会对人才的需要、青年学生自身的需求，推动经济、社会与个人的共同发展；也能通过鼓励创业促进就业，缓解青年大学生的就业压力，提高就业率；还能提高学生的综合能力，尤其是创新能力，促进创新型人才的培养。此外，对学生组织自身来说也能增加青年群众基础，获得青年大学生的拥护，从而提升学生组织的凝聚力，增强其核心竞争力。

高校学生组织在加强自身组织能力建设、拓展职能（包括校园服务职能、社会职能）的同时能更好地服务于青年学生的就业创业活动，为其搭建更好的平台。具体优势包括先进的育人工作理念、科学的学习方法、创新的行为模式、丰富的人脉资源等。高校学生组织除了利用自身便利条件促进青年学生的自主创业外，还可以通过主动探索先进的科教思想、科技产业，培养大学生的创新意识，提高大学生的创新能力，最终促进创新创业活动的高效开展。

2. 大学生自主创业的现状及其存在的问题

近年来，高校对大学生创业支持政策越来越多，学校通过开展创新创业教育，开设创新创业教育课程，开展创业实践或模拟创业等形式服务学生，通过创建实践基地，提供实践机会来为学生提供创业帮助。大学生广泛参与自主创业活动对社会产生了良好的效益，既能提升学生自身的实践能力，谋求自身更好的发展，也能起到担当社会责任的作用，为更多的社会青年创业起到榜样作用，此外还能促进就业。基于此，越来越多的学生毕业后也选择自主创业。虽然大学生创业的数量与日俱增，但实际上很多创业者因初入社会，创业资金匮乏，社会交际圈子狭小而以失败告终。目前，大学生创业存在的问题：中国现行的创业就业体制还不够完善，来自社会的支持力度不够；创业者自身资金匮乏，管理经验不足，心理承受能力差及就业创业理念过于陈旧等；高校所提供的就业创业指导过于狭隘，指导内容和指导范围存在问题较多，大多停留在咨询和理论知识介绍阶段，缺乏实际的系统性指导规划等。

3. 各类学生组织进一步促进大学生创业的路径

针对上述大学生创业存在的问题，高校学生组织应当充分发挥作用，发挥自身优势，挖掘潜力，竭尽所能为大学生创业提供服务。高校基层学生组织应当结合高校的高等教育规律、学校的人才培养工作、学生成长成才的内在需求，再结合学生组织的自身特点，促进大学生创业，为其提供更好的环境和条件，促使大学生想去创业、敢于创业、有能力创业、能成功创业。具体而言，基层学生组织可以从以下几个方面促进大学生创业。一是在充分发挥思想政治优势的基础上，激发大学生的创业活力。高校基层学生组织有较强的政治性和思想性，其作为高校青年学生的领导组织者，在青年思想政治工作开展和优秀青年培养工作上有丰富的经验和优良的传统，这也决定了基层学生组织应当把思想教育工作作为其首要职责。二是充分利用各类学生组织覆盖广的优势，积极引导学生创业。学生组织本身有较为完备的组织体系，所覆盖的层面也很广泛，整个组织架构也很清晰，纵向上从校学生会到院学生会再到各个班级，横向上则是各个独立的学生支部之间、院学生会之间，都是紧密联系着的，这种组织结构使得学生工作的开展更为方便、快捷，上层也更容易获得下层的信息反馈，能更好地掌握学生的需求，更好地为其服务。三是利用学生组织的文化阵地优势，提升学生的创业素养。要想提升学生的创业素养，需要将新时期的青年人的特征与学生组织的文化特征相结合。新时期的80后、90后青年学生与以往的青年学生不同，他们有更鲜明的心理特征，性格上天生就富有创新精神，对自我价值的追求较高，更富朝气，这对创业工作来说也是一大优势，但这种优势的实现需要学生组织的转化。在对待这一类青年学生时需要采取合适的方式，既要保护他们的创业热情，还要通过一定的培养、培训提升其创业素养。实际上学生组织作为一个敢于突破传统、追求创新精神的先进组织，通过文化阵地的优势，能较好地处理好这一关系，更好地为青年学生的创业活动服务。四是充分利用学生组织作为载体平台的优势，增强学生创业能力。利用学生组织的平台优势主要是通过充分利用学生组织的校内资源，创建创业平台，举办创新创业教育和实践活动，以此增强学生的创新能力和创新创业意识，提升其综合素质，降低创业的风险。要锻炼学生的创业能力，需要先做好素质拓展计划和拓展训练。针对目前大学生普遍存在的不能吃苦、眼高手低、缺乏社会经验、缺乏合作意识等问题，积极开展素质拓展活动，通过组织各类社会实践和志愿活动，提升大学生的动手能力、社会责任感、社会经验和创新能力。吸收各个高校的先进经验，将素质拓展计划落实好，确保其高效实施。五是充分利用学生组织的社会资源，为学生搭建创业平台。高校基层学生组织因其广泛地组织体系而拥有丰富的资源，包括人力资源和资金资源。此外，又因学生组织的工作范围较广而社会化运作机制凸显，这为学生组织带来丰富的社会资源。学生组织应当充分利用这类资源为大学生创业活动搭建桥梁，推动学生创业与社会各界共同发展，实现互利共赢。对青年学生而言，能有更好的机会提升自身的组织能力、管理能力，积累创业经验，而对社会企业来说，能引进更多的先进人才，促进合作。在这一过程中，学生组织主要起到桥梁的作用，其向青年学生主要提供的是校友资源和资金来源。其中，校友资源主要是借助各届校友帮助在校生做职业分析或与广大师生交流工作经验，从而对在校生的创业起到指导或借鉴作用，避免走弯路，走出就业误区等。此外，学生组织主要是通过社会捐助或贷款、基金等形式，为大学生创业提供资金，促进大学生创业项目的发展。

（三）政府支持下的大学生创业路径

20世纪60年代，国外学者研究发现，创业对于促进国家的经济发展、促进就业具有积极的作用。英国政府明确提出，大学必须与工商业界建立更加密切的联系，要把服务社会作为学校的重要职能，通过专利转让、创办学园、合作研究项目等多种形式为社会经济与科技发展服务。中国党和政府也在积极创造条件，千方百计鼓励和扶持大学毕业生自主创业，制定推行创业的扶持政策和措施。但也要清醒地看到，中国社会目前还处于转型期，相对于欧美比较成熟的市场环境，中国大学生创业者肩上的负荷更重，创业所需要的各种服务还不完善，创业政策还不能得到很好的落实，创业的制度环境还需要进一步优化，大学生创业的社会配套体系还需要进一步建立和完善。

1. 倡导创业精神，营造全社会尊重和包容创业的舆论氛围

受几千年传统文化思想的束缚和多年计划经济的影响，社会中普遍存在着对创业的惰性，加之创新创业教育的缺失，又导致了大学生创业素质的缺乏，使许多大学毕业生不敢创业、不愿创业、不会创业、不能创业，这成为严重束缚大学生就业和创业的“瓶颈”，严重制约了大学生创业的积极性。因此，作为政府既要积极创造条件鼓励大学生立足现有岗位创业，又要积极营造有利于大学生创业的良好社会舆论环境，广泛宣传诸如温州人的“四千精神”，即“走遍千山万水，说遍千言万语，历尽千辛万苦，想尽千方百计”的创业精神，宣传大学生身边的典型事迹和致富经验，把他们的创业经验作为大学生创新创业教育的“活教材”，使每个人都为创业而感动而思考，引导大学生转变择业观念，增强自主创业意识。

2. 加强制度创新，增强对创新创业教育的宏观指导和行政推动

在高等学校创新创业教育体系中，国家在高等教育方面的指导思想、政策导向、管理取向对高等学校创新创业教育的深化具有主导作用。当前，在构建与实施高等学校创新创业教育体系、进一步深化高等学校创新创业教育的进程中，国家及教育行政部门应进行宏观指导和行政推动。创新创业教育也应从娃娃抓起，着重培养青少年的创业意识，到了职业教育和高等教育阶段，主要培养学生的创业素质和创业能力，并把创新创业教育纳入国民教育体系、国家教育发展规划、教育振兴行动计划、青少年思想教育、素质教育和职业生涯发展教育之中。

3. 加大扶持力度，优化大学生创业的政策环境和法制环境

政府各部门要积极思考如何更好地为大学生接受创新创业教育、开展创业实

践提供有效服务和政策支持。这里需要特别指出的是，在对大学生创业制定政策时要从实际出发，他们是国家的未来，在他们身上寄托着社会的创业理想，对他们要特别关爱，政策制定或调整要更靠实、更优惠。同时，应进一步完善政府对大学生创业进行鼓励、支持、引导和服务的政策措施和工作机制，清除一切限制创业的体制性障碍，以营造良好的法制环境，这里牵涉公共政策和法规机制、政府行政管理机制改革等问题。

4. 搭建创业平台，完善大学生创业的社会配套体系

目前，中国创新创业教育的研究还主要局限在教育系统特别是高校内部，社会各界对创新创业教育的认识还很有限，高校有“孤军作战”之感。相比之下，美国创业教育的社会环境就好得多，正逐步形成一个完整的社会体系和教育研究体系，不仅包括普遍开设的创业学课程，还包括高校创业中心、各种孵化器和科技园、风险投资机构、创业培训机构、创业资质评定机构、小企业开发中心、创业者校友联合会、创业者协会等，形成了一个高校、社区、企业良性互动式发展的创新创业教育生态系统，有效地开发和整合了社会各类创业资源。同时，美国大学与企业紧密联系，企业乐于接纳学生开展项目研究，学生的研究成果也为企业的发展提供了帮助。在搭建创业平台、建立与完善大学生创业的社会配套体系方面，政府仍应发挥重要的主导和协调作用。第一，要形成以政府为主导、高校为主体、企业为支撑、全社会配合与家庭支持的“五位一体”的创新创业教育新格局；第二，在政府的积极鼓励和扶持下，建立起若干个创新创业教育非营利性第三方组织，为高校创新创业教育提供非政府支持，分解高校创新创业教育的工作压力；第三，积极扶植大学生创业的中介机构，使之为大学生在创办企业、产品开发、科研成果转化中寻求相关企业、资金支持，以及在法律、政策咨询等多方面为大学生创业架通桥梁，搭建平台。

第三节　创新创业教育与就业指导融合发展路径探究

“互联网+”是创新 2.0 下的互联网与传统行业融合发展的新形态、新业态，是创新 2.0 直接推动下的互联网形态演进，不仅改变了人类社会生产生活方式，还引领了创新驱动发展的新常态。如何对大学生就业进行以“互联网+”为时代背景的理论和实践并重的创新性引导，在就业指导教育中培养学生创新创业能力，将创新创业理念贯穿于整个就业指导教育中去，既是各大高校重点关注的热门话题，更是当前中国社会快速发展的需求与人才培养相结合的重点建设课题之一。

一、“互联网+”创新创业教育与就业指导的融合

（一）就业指导

就业指导是一种以市场需求为出发点，对学生的职业生涯规划、学生职业生存所学等方面进行综合指导的一门教育性课程。目前高校的就业指导工作对于帮助学生掌握就业技巧、认清社会形势、解读国家就业政策等方面均有很大辅助作用，已经成为高校就业指导的重点。其不仅可以提升学生就业的竞争力，还能提高学生顺利就业、更好就业的成功率。2017 年，全国高校毕业生达到 795 万人，比 2016 年增加了 30 万人；2018 年高校毕业生更是达到 820 万人，创历史新高。2019 年人社部提出将以离校未就业的应届或往届毕业生为辅助重点，帮助其更好更快就业，促进毕业生就业创业计划和基层成长计划的展开，用好“互联网+就业”模式，积极促进用人单位和高校毕业生岗位对接。当前就业形势异常严峻，只有切实加强学生自主创新创业能力，才能最大程度完成学生更好更快就业的目标。高校坚持以先进教育思想为指导，大力推进双创教育，通过将创新创业教育与就业指导相融合，构建知识传授、能力培养和人格塑造的高校教育培养模式，提升大学生全面素养、促进学生全面发展。

（二）“互联网+”创新创业教育与就业指导

融合创新创业教育不仅能够培育出集创新精神和实践探索精神、创业意识与实际操作和管理能力为一体的全方位发展学生，还能提升学生的创业基本素养，培养其自身个性，使其在就业过程中能够制定出最适合自身发展需求的职业规划，走上就业之路，满足社会发展需求，进而通过创业开办新型企业，发展自身事业，也为社会创造大量就业机会和岗位。相比国内而言，国外教育理念更加灵活，对人才培养的定位也较为宽泛，受限较小，发达国家的院校所开设的创业教育课程体系均较为完整，创业气氛更为浓烈。我国已迈向高等教育大众化阶段，产业经济正转型升级，创新教育理念，将创新创业教育与就业指导相融合，才能培养出社会需求的人才。

二、“互联网+”创新创业教育融入就业指导面临的挑战

（一）缺乏对互联网负面效应的认知

传统的运营管理模式之下，客户难以有良好的服务体验，“互联网+”的出现正好解决了这一点。网络就像一把双刃剑，给人们生活带来极大便利的同时，也充斥着大量不利要素，容易使得创业初期甚至是发展困难期的大学生在创业过程中遭受大量外界诱惑和挫折。往往有一部分大学毕业生把创业当作逃避就业的

一种途径。就业形式有许多种，创业也是其中一种，相对其他应聘性职业而言需付出更多心血。面对“互联网+”时代的信息轰炸，如何培育大学生的价值观念受到了新的挑战。

（二）缺乏科学的人才培养理念

在许多高校中，将创新创业教育课程等同于通识教育课程，甚至把创业创新与就业指导教育画上等号，课程内容千篇一律，完全没有做到因人而异、因专业而异，课程缺乏针对性。想要改变这样的现状，必须从根本上重视创新创业教育，走出认识上的误区。通过双创教育培养学生的创新精神与创业能力，同时培育学生的独立学习与思考能力，为学生今后发展提供更多可能性。

（三）缺乏融入双创的课程体系

许多大学生都有一种象牙塔般的学习状态，既没有足够的独立能力，缺乏足够的学识，又没有创新探索的精神。这一部分原因是我国高校的教学模式许多还停留在传统的对专业知识的传授上，并没有足够重视对学生创业创新意识的培养。虽然目前许多高校开设了创业创新课程，但基本上都属于纸上谈兵，内容停留在书本中，与实践脱节；范围停留在课堂上，与社会绝缘。尽管创业创新课程和就业指导课程地位不断上升，已经在高校全面普及，列入了公共必修课或必选课的课程安排之中，但在课程组织形式和教学方式上，多为课堂授课和讲座方式。普遍重视理论教学，忽视实践和实训教学，课程缺乏实效性与实效性。这很大程度上是由于今天的高等教育不注重双创教育和就业教育的融合并重，既没有有效地引导学生价值观并指引其就业，对他们的群体差异也缺乏足够细致的考量。同时双创教育发展不够迅速，难以满足社会对创业创新人才的需求，这些问题也应归咎于相对落后的课程体系。

（四）缺乏专业化师资队伍

在教师配置方面，创新创业课大多由其他非专业人员兼职担任，其中包括辅导员、各部门行政人员等，他们自身本就有繁重的本职工作。因此，在创新创业课程的研究上难以投入全部的精力，导致高校中的创业创新指导课质量难以保证。在教师素质方面，许多教师在入职学校之前，自身缺乏足够的企业工作经验和自主创业经历，对于讲求实效的创业创新课程来说是一种严重的缺陷。在教师制度保障方面，创新创业课程的指导老师相比于其他专业课老师而言，在奖励机制、职称评定等方面客观上存在着差距。这就导致双创课程老师缺乏足够的动力。总之，就业指导人员数量不足，质量上也存在不少短板，不能充分利用“互联网+”时代的新媒体和新技术，学校难以形成专业化的教师团队，对于指导学生就业而言显然力有不逮。

三、“互联网+”创新创业教育融入就业指导路径探究

（一）以“互联网+”为服务手段，教育工作精细化

随着互联网的普及，许多大学生在学习工作时，都善于利用互联网进行辅助。而高校应当充分重视这一情况，努力开创“互联网+”就业引导新模式。应结合互联网技术，加强和完善大学生就业服务网络平台建设，积极推送相关内容，为大学生就业开辟一条线上与线下相结合的服务道路。并利用校园网、客户端以及微博等网络平台创新服务模式，帮助大学生进行网络职业测评、远程面试、招聘等，提高大学生就业效率。除此以外，高校还需要对大学生进行思想教育，鼓励和引导他们适应“互联网+”新就业模式，且目前几乎所有大学生都对网络并不陌生，所以高校的这一新模式将很容易得到普及与应用。但是，在利用“互联网+”模式指导学生就业时，也很容易出现一些问题。众所周知，互联网平台属于一个开放的公共平台，平台内信息量庞大难免产生信息失真情况。大学生在利用互联网进行求职的过程中就很容易被卷入诈骗漩涡中，并且实践证明，这样的现象并非偶然，而是时有发生。因此，高校在推行“互联网+”就业引导新模式的过程中，需要采取措施提升学生虚假信息辨别能力，帮助他们在互联网信息海洋里不受虚假信息的阻碍，能够尽情畅游。同时，高校还需要及时地将与学生就业相关联的国家政策告知学生，给予经费支持，并鼓励引导学生培养“互联网+”创业思维，参加“互联网+”活动，孵化“互联网+”创意，利用“互联网+”新模式进行创业。

（二）以就业能力为主导，融入创新创业教育理念

教育主体如何看待教育本身，如何思考教育现实，皆能够从其教育观念中有所体现。要想让创业创新教育理念深入人心，就必须实施教育改革，在教育内容以及教育方法上进行革新，摆脱陈旧落后教育思想对教育活动影响。因此，高校在对大学生进行就业指导时，也需抓好宣传创业思想，对于有创业意向的大学生要进行系统的调查了解，为他们提供创业所需要的知识基础，并对他们进行有效的创业指导教育。对于高校大学生而言，毕业后走向社会，就业是大多数人必然选择的道路。故而在学校接受知识教育的同时，学校也会对他们进行就业教育，且就业教育最重要的一点是帮助他们提升就业能力。高校应当在就业教育的基础上，融入创新思维以及创业能力的培养。我国目前的毕业生就业形势并不乐观，大学生往往在校期间就能够感受到一定的就业压力。针对这样的情况，高校必须对学生进行创新创业教育，鼓励毕业生积极创业，从一定程度上缓解毕业生就业压力。高等教育的一项重要内容就是就业指导，可以帮助学生从懵懂无知的就业小白

晋升为具有一定市场竞争力，对就业目标、价值观有一定见解的初级职业人，并以此来满足时代发展对于人才的需求。与此同时，在对学生进行就业指导的过程中，积极培养学生的创业理念、创业能力，激发学生的创业热情，将创新创业的思想传递给学生，以创业带动就业，鼓励他们在创业的过程中实现个人价值。

（三）以就业需求为重点，完善双创教育课程体系

在创新创业教育课程体系构建方面，将就业教育与创新创业教育有效融合。鼓励学生围绕所学专业进行创业，设立创新创业扶持及激励机制。按照现代经济社会发展对高校大学生就业能力的多元化要求，从培养学生创新创业能力角度设置各专业的课程体系，根据学科特色设置基础课程，结合就业需求设置专业课程，联系个性特点设置选修课程，鼓励学生辅修本学科领域其他专业的课程，培养复合型人才。此外，高校还可以开设相关的竞赛活动，激发学生的创业创新积极性，如中国“互联网+”大学生创新创业大赛，以赛促学，以赛促教。

（四）以“内引外联”为原则，组建多元导师团队

高校深化创新创业体制改革，除了需要思想意识的变革，还需要一支高水平的创新创业教育导师团队保驾护航。高校可以遵循“内引外联”原则，建设“双师型”创业指导团队。而所谓的“内引”是采取激励机制提升指导团队的使命感与荣誉感，并且促使指导团队在落实责任的同时满足自身价值认同。“外联”，指的是对外联合协作，例如校企合作，向教师队伍中引入企业家资源，不仅可以增强指导团队的综合实力，还能切实指导大学生就业、创业。除此以外，建立专门的导师库，源源不断地为高校创业创新教育提供支持。高校还可以组织教师参与培训，进入企业开启实践培训之路，鼓励教师亲身参与到创新创业活动中，积累经验，帮助他们在日后的教育活动中有效提高教学质量，这对学校、学生以及教师自身的发展都具有重要意义。进入新时代以来，“大众创业、万众创新”受到了高度重视，为了满足时代的发展，必须将创新创业思维植入当代人的心中。伴随着信息网络时代的冲击，“互联网+”创新创业教育模式目前已成为高校教育必不可少的一项内容。必须要紧抓信息化时代的特色，发挥本校专业优势，培养一批又一批满足市场需求的新型人才。在此基础上，结合当前的就业形势以及以往成功的就业案例，构建科学合理的创业就业教育模式，帮助大学生形成正确的就业观、创业观。对于高校而言，对学生实施创新创业教育远比就业指导更具挑战，因此在资金和人才储备上，其需求量都十分庞大，并且在日常教学中，要贯彻理论与实践相结合。总而言之，高校将致力于创新创业教育与就业指导相结合，帮助大学生培养正确的创业创新理念与就业理念，有效缓解毕业生就业压力，使得高等教育实现可持续发展。

第三章　高校创新创业教育人才培养目标的定位与策略

第一节　高校创新创业教育人才培养目标的定位

人才培养目标决定着一种教育的性质，也决定着该类教育改革与发展的方向。中国高职教育作为一种高等教育类型已被社会广泛认可，其类型属性的决定因素就是人才培养目标。进入21世纪，中国高等职业教育受到国家政治、经济政策发展的影响，得到了相应的迅速发展，进行得如火如荼，高等职业教育在发展中逐渐呈现出内涵式发展倾向。面对社会经济发展的新形势与新要求，为了充分发挥高等职业教育在社会人才培养方面的作用和价值，国务院办公厅《关于深化高等学校创新创业教育改革的实施意见》（国办发〔2015〕36号）及教育部关于印发《高等职业教育创新发展行动计划（2015-2018年）》（教职成〔2015〕19号）文件，对高职教育创新创业教育的发展目标给出了明确的定位。

一、高职人才培养的总体要求

高等职业院校要全面贯彻党的教育方针，落实立德树人的根本任务，坚持创新引领创业、创业带动就业，主动适应经济发展新常态，以推进素质教育为主题，以提高人才培养质量为核心，以创新人才培养机制为重点，以完善条件和政策保障为支撑，促进高等教育与科技、经济、社会紧密结合，加快培养规模宏大、富有创新精神、勇于投身实践的创新创业人才队伍，不断提高高等教育对稳增长促改革调结构惠民生的贡献度，为建设创新型国家、实现“两个一百年”奋斗目标和中华民族伟大复兴的中国梦提供强大的人才智力支撑。具体要求如下。

（一）坚持育人为本，提高培养质量

把深化高校创新创业教育改革作为推进高等教育综合改革的突破口，树立先进的创新创业教育理念，面向全体、分类施教、结合专业、强化实践，促进学生全面发展，提升人力资本素质，努力造就大众创业、万众创新的生力军。

（二）坚持问题导向，补齐培养短板

把解决高校创新创业教育存在的突出问题作为深化高校创新创业教育改革的着力点，融入人才培养体系，丰富课程、创新教法、强化师资、改进帮扶，推进教学、科研、实践紧密结合，突破人才培养薄弱环节，增强学生的创新精神、创业意识和创新创业能力。

（三）坚持协同推进，汇聚培养合力

把完善高校创新创业教育体制机制作为深化高校创新创业教育改革的支撑点，集聚创新创业教育要素与资源，统一领导、齐抓共管、开放合作、全员参与，形成全社会关心支持创新创业教育和学生创新创业的良好生态环境。

二、新时期高职创新创业人才培养的目标任务

高职院校要从2015年起全面深化高校创新创业教育改革。2017年取得重要进展，形成科学先进、广泛认同、具有中国特色的创新创业教育理念，形成一批可复制可推广的制度成果，普及创新创业教育，实现新一轮大学生创业引领计划预期目标。到2020年建立健全课堂教学、自主学习、结合实践、指导帮扶、文化引领融为一体的高校创新创业教育体系，人才培养质量显著提升，学生的创新精神、创业意识和创新创业能力明显增强，投身创业实践的学生显著增加。主要目标任务如下。

（一）完善人才培养质量标准

制定实施本科专业类教学质量国家标准，修订实施高职高专专业教学标准和博士、硕士学位基本要求，明确高职高专、本科、研究生创新创业教育目标要求，使创新精神、创业意识和创新创业能力成为评价人才培养质量的重要指标。相关部门、科研院所、行业企业要制定（修订）专业人才评价标准，细化创新创业素质能力要求。不同层次、类型、区域高校要结合办学定位、服务面向和创新创业教育目标要求，制定专业教学质量标准，修订人才培养方案。

（二）创新人才培养机制

实施高校毕业生就业和重点产业人才供需年度报告制度，探索建立需求导向的学科专业结构和创业就业导向的人才培养类型结构调整新机制，促进人才培养与经济社会发展、创业就业需求紧密对接。深入实施系列“卓越计划”、科教结合协同育人行动计划等，多形式举办创新创业教育实验班，探索建立校校、校企、校地、校所及国际合作的协同育人新机制，积极吸引社会资源和国外优质教

育资源投入创新创业人才培养。高校要打通一级学科或专业类下相近学科专业的基础课程，开设跨学科专业的交叉课程，探索建立跨院系、跨学科、跨专业交叉培养创新创业人才的新机制，促进人才培养由学科专业单一型向多学科融合型转变。

（三）健全创新创业教育课程体系

各高校要根据人才培养定位和创新创业教育目标要求，促进专业教育与创新创业教育有机融合，调整专业课程设置，挖掘和充实各类专业课程的创新创业教育资源，在传授专业知识过程中加强创新创业教育。面向全体学生开发开设研究方法、学科前沿、创业基础、就业创业指导等方面的必修课和选修课，纳入学分管理，建设依次递进，有机衔接、科学合理的创新创业教育专门课程群。各地区、各高校要加快创新创业教育优质课程信息化建设，推出一批资源共享的课程、视频公开课等在线开放课程。建立在线开放课程学习认证和学分认定制度。组织学科带头人、行业企业优秀人才，联合编写具有科学性、先进性、适用性的创新创业教育重点教材。

（四）改革教学方法和考核方式

各高校要广泛开展启发式、讨论式、参与式教学，扩大小班化教学覆盖面，推动教师把国际前沿学术发展、最新研究成果和实践经验融入课堂教学，注重培养学生的批判性和创造性思维，激发创新创业灵感。运用大数据技术，掌握不同学生学习需求和规律，为学生自主学习提供更加丰富多样的教育资源。改革考试考核内容和方式，注重考查学生运用知识分析、解决问题的能力，探索非标准答案考试，破除“高分低能”积弊。

（五）强化创新创业实践

各高校要加强专业实验室、虚拟仿真实验室、创业实验室和训练中心建设，促进实验教学平台共享。各地区、各高校科技创新资源原则上向全体在校学生开放，开放情况纳入各类研究基地、重点实验室、科技园评估标准。鼓励各地区、各高校充分利用各种资源建设大学科技园、大学生创业园、创业孵化基地和小微企业创业基地，作为创新创业教育实践平台，建好一批大学生校外实践教育基地、创业示范基地、科技创业实习基地和职业院校实训基地。完善国家、地方、高校三级创新创业实训教学体系，深入实施大学生创新创业训练计划，扩大覆盖面，促进项目落地转化。举办全国大学生创新创业大赛，办好全国职业院校技能大赛，支持举办各类科技创新、创意设计、创业计划等专题竞赛。支持高校学生成立创新创业协会、创业俱乐部等社团，举办创新创业讲座论坛，开展创新创业实践。

（六）改革教学和学籍管理制度

各高校要设置合理的创新创业学分，建立创新创业学分积累与转换制度，探索将学生开展创新实验、发表论文、获得专利和自主创业等情况折算为学分，将学生参与课题研究、项目实验等活动认定为课堂学习。为有意愿有潜质的学生制订创新创业能力培养计划，建立创新创业档案和成绩单，客观记录并量化评价学生开展创新创业活动情况。优先支持参与创新创业的学生转入相关专业学习。实施弹性学制，放宽学生修业年限，允许调整学业进程、保留学籍休学创新创业。设立创新创业奖学金，并在现有相关评优评先项目中拿出一定比例用于表彰优秀创新创业的学生。

（七）加强教师创新创业教育教学能力建设

各地区、各高校要明确全体教师创新创业教育责任，完善专业技术职务评聘和绩效考核标准，加强创新创业教育的考核评价。配齐配强创新创业教育与创业就业指导专职教师队伍，并建立定期考核、淘汰制度。聘请知名科学家、创业成功者、企业家、风险投资人等各行各业优秀人才，担任专业课、创新创业课授课或指导教师，并制定兼职教师管理规范，形成全国万名优秀创新创业导师人才库。将提高高校教师创新创业教育的意识和能力作为岗前培训、课程轮训、骨干研修的重要内容，建立相关专业教师、创新创业教育专职教师到行业企业挂职锻炼制度。加快完善高校科技成果处置和收益分配机制，支持教师以对外转让、合作转化、作价入股、自主创业等形式将科技成果产业化，并鼓励带领学生创新创业。

（八）改进学生创业指导服务

各地区、各高校要建立健全学生创业指导服务专门机构，做到“机构、人员、场地、经费”四到位，对自主创业学生实行持续帮扶、全程指导、一站式服务。健全持续化信息服务制度，完善全国大学生创业服务网功能，建立地方、高校两级信息服务平台，为学生实时提供国家政策、市场动向等信息，并做好创业项目对接、知识产权交易等服务。各地区、各有关部门要积极落实高校学生创业培训政策，研发适合学生特点的创业培训课程，建设网络培训平台。鼓励高校自主编制专项培训计划，或与有条件的教育培训机构、行业协会、群团组织、企业联合开发创业培训项目。各地区和具备条件的行业协会要针对区域需求、行业发展，发布创业项目指南，引导高校学生识别创业机会、捕捉创业商机。

（九）完善创新创业资金支持和政策保障体系

各地区、各有关部门要整合发展财政和社会资金，支持高校学生创新创业活动。各高校要优化经费支出结构，多渠道统筹安排资金，支持创新创业教育教学，资助学生创新创业项目。部委属高校应按规定使用中央高校基本科研业务费，积极支持品学兼优且具有较强科研潜质的在校学生开展创新科研工作。中国教育发展基金会设立大学生创新创业教育奖励基金，用于奖励对创新创业教育做出贡献的单位。鼓励社会组织、公益团体、企事业单位和个人设立大学生创业风险基金，以多种形式向自主创业大学生提供资金支持，提高扶持资金使用效益。深入实施新一轮大学生创业引领计划，落实各项扶持政策和服务措施，重点支持大学生到新兴产业创业。有关部门要加快制定有利于互联网创业的扶持政策。

三、新时期高职人才培养方案的修订

按照国务院、教育部对高职院校人才培养的总体要求和高职人才培养的目标任务，各高职院校的人才培养方案要进行相应的修订。人才培养方案是专业人才培养目标、基本规格及培养过程、内容和方式的总体规划，是衡量学生在校期间完成全部学业后是否达到培养规格的重要标准，是高职院校人才培养、组织教学过程、安排教学任务的基本依据。为了贯彻落实《国家中长期教育改革和发展规划纲要（2010—2020）》，以及国务院办公厅《关于深化高等学校创新创业教育改革的实施意见》（国办发〔2015〕36号）等文件精神和具体要求，实现培养生产、建设、服务、管理第一线的高级技术技能型人才的目的，高职学院人才培养方案要把创新创业的精神贯穿到人才培养方案中，紧紧围绕国家、教育部的文件对高职院校人才培养方案进行修订。

（一）人才培养方案制订的指导思想

高职院校要以《国家中长期教育改革和发展规划纲要（2010—2020）》、国务院办公厅《关于深化高等学校创新创业教育改革的实施意见》（国办发〔2015〕36号）为指导，围绕培养学生创新创业的职业能力、就业竞争力和促进职业发展的核心目标，践行高职院校办学理念，形成知识、能力与素质协调发展的人才培养格局，将学生就业竞争力与发展潜力培养融为一体、教学工作与学生工作融为一体、职业素质养成与职业能力培养融为一体、课外与课内培养融为一体，立德树人，以服务为宗旨，以就业为导向，以提高质量为核心，以增强特色为重点，构建出充分体现高职办学特色并具有一定优势的人才培养方案和课程体系，在“校企融合、工学结合”发展道路上培养出创新创业的“高素质技术技能型人才”。高职专业人才培养方案的制订要体现高职院校办学指导思想，符合高职的办学定位和人才培养目标，要立足于培养理论基础够用、实践能力较强、具有创新创业精神的高素质技术技能型人才。要突出应用性和针对性，以适应社会需求为目标、以培养技术应用、实践能力为主线，同时要强化综合素质教育，全面提高学生的思想道德素质、文化素质、专业素质和身体心理素质。

1. 培养适应区域发展的创新创业人才

高职人才培养要适应社会经济的发展，尤其是区域和地方经济发展的需要。要进行充分的社会调查，注重研究分析经济建设和社会发展出现的新情况、新特点，特别要关注市场经济和专业领域技术发展态势，注重与区域和地方发展相适应，并结合高职实际情况，使高职制定的专业人才培养方案具有鲜明的地方特色、行业特色。

2. 培养全面发展的创新创业人才

高职要坚持德、智、体、美等全面发展，必须全面贯彻国家教育方针，正确处理好德育与智力、理论与实践的关系，注重全面提高学生的综合素质，切实保证培养目标的实现。

3. 培养高素质的创新创业人才

高职要依照职业院校的发展目标，树立“德才兼备、技艺双全”的办学理念，培养有知识、有技能的高素质创新创业人才。

4. 培养学生的实践能力

高职要加强学生的实践教学环节，做到理论与实践、知识传授与能力培养相结合，并将创新创业能力培养贯穿教学全过程。

5. 贯彻产学研结合的思想

在专业人才培养方案的制定和实施过程中应主动争取企业的参与，充分利用社会资源，共同制定和实施专业人才培养方案。专业人才培养方案中的各个教学环节既要符合教学规律，又要根据企业或行业的实际工作特点妥善安排。

6. 推进高职的“双证”教育

高职要鼓励大学生在校期间在获得毕业证书的同时，要取得各种职业资格证书，同时专业课程可以和职业资格证书培训进行课程置换。

7. 加强高职课程的改革

高职要按照行动过程导向，借鉴学习领域、情境教学理念，结合专业特点，开发符合职业教育规律，有特色的学生培养方案。

（二）人才培养方案制定的基本原则

1. 按照地方政府的要求和区域需求确定人才培养目标和规格

高职要按照地方政府的要求和区域需求，以区域发展和市场需求作为人才培养的落脚点。要贴近人才需求市场，深入开展专业调研，分析专业面向的就业岗位环境、岗位职责、工作内容、岗位所需能力、任职资格等，努力挖掘专业人才培养方案与职业岗位需求之间的结合点，合理确定各专业人才培养的目标及规格。

2. 以校企合作需求改革人才培养模式

校企合作是培养适应市场需求高素质技术技能型人才的关键。在专业人才培养方案制订与实施过程中，要充分发挥行业、企业专家和专业指导委员会的作用。以校企合作为平台，鼓励推动“校企融合、工学结合”的人才培养模式在实习实训基地建设、课程建设、教材建设和队伍建设中的落实。在完成主干课程教学的基础上，根据企业的用人需求，合理调整教学进程；要把课堂延伸到企业，聘请企业技术人员承担专业教学任务，将企业的工艺、规范和文化融入教育教学中。

3. 依据自身特点合理构建专业课程体系

各专业可依据各自特点，选择相对成熟的模式设计课程体系。就业岗位成熟稳定，任职条件强调专业技能，职业标准相对规范，以培养技能为职业能力核心的专业，可以基于工作过程设计课程体系；就业岗位波动变化大，任职条件强调素质，以培养能力素质为职业能力核心的专业，可以选择能力本位教育的课程体系设计；对于专业对应岗位分布跨度大，一部分岗位需求和能力本位教育的模块课程体系。课程设计与实施上实现职业能力和职业素质培养的有机结合，按照认知规律、职业成长规律和职教理念构建课程体系。

同时，要加强公共基础课与专业课间的相互融通和配合，专业拓展课程内容跟踪行业发展动态，综合拓展选修课程实行学院和二级学院相结合的设置方式，保证学生既可以深化职业类课程，又可以选修专业外课程，促进学生文化素质、科学素养、综合职业能力和可持续发展能力的培养。

4. 统筹安排，深入推进教学方法改革

以课程开发和建设的思路管理主要教育教学活动，将课外与课内培养融为一体。入学教育、校内集中实训、校外顶岗实习、社会实践活动等作为课程来建设、实施和管理，纳入人才培养方案教学进程安排。各专业人才培养方案应在统一规范的基础上，充分体现专业建设、人才培养模式改革、教育教学改革、制度保障等方面的特色，科学合理安排课内、课外学时，组织教学活动。积极推行“双证书”制度，将相关课程考试考核与职业技能鉴定合并进行。要积极推广项目教学、案例教学、情景教学、工作过程导向教学，广泛运用启发式、探究式、讨论式、参与式教学，充分激发学生的学习兴趣和积极性。

5. 立德树人，引导学生健康成才

遵循高职教育教学和人才成长的基本规律，从成人成才的角度，立德树人，引导培育学生自主学习、合作学习、探究学习，增强学生身心健康自我调控能力，正确培育学生在知识、能力、素质方面的系统发展，培养学生具有良好的职业道德、职业能力和创新创业精神，以及可持续发展的素质，适应社会、经济发展和现代化建设的需要。

6. 完善教学质量管理体系

严格执行国家制定的教学文件，适应生源和培养模式改革的新特点，完善教学管理机制。要加强教学组织建设，健全教学管理机构，发挥行业企业深度参与的专业教学指导委员会的作用。按照“标准、评价、反馈、调控”四位一体的教学质量管理体系，对教学质量实施管理与监控。把学生的职业道德、职业素养、技术技能水平、就业质量和创业能力作为衡量专业教学质量的重要指标。

7. 推进专业建设不断发展

良好的办学条件是专业建设发展的基础。各专业要根据学院和专业建设发展规划，积极加强校内外实习实训基地建设，依靠校企深度合作，夯实各专业办学基础。要进一步加强师资队伍建设，构建起以高水平专业带头人、骨干专任教师和企业兼职的能工巧匠、管理与技术人员为主专兼结合的教师队伍。高职院校省级以上重点专业要勇于改革创新，发挥示范、引领作用，在校企深度合作、人才培养模式改革、办学水平和人才培养质量、服务社会等方面带领相关专业不断发展。

第二节　高校创新创业教育人才培养的策略

一、提升学生就业能力的必要性

（一）毕业生就业形势严峻

1. 机遇与挑战并存

当前中国的劳动力供需市场压力空前之大已众人皆知，中国是一个处于发展中的人口大国，13 多亿人口中的劳动力资源为 8.3 亿人，其中有 7 亿左右为从业人员，这表明劳动人口供大于求的基本状况依然会延续。20 世纪六七十年代，中国迎来婴儿出生高峰，造成目前和以后 20 年处于劳动力年龄的人数与总人数比重将保持在 65%之上的水平。世界范围内的经济危机对全球经济发展带来挑战，波及的行业发展受创，大多数企业规模缩减，外需市场缩小，中小企业面对的问题相比较而言更多。由于世界经济发展放慢，必然影响就业，加之我国每年大量增加的大学毕业生，最终使得我国面临的就业负担尤为沉重。经济危机在冲击各行各业的同时也对高职院校带来影响，用人单位提供的职位数量开始变少，提供给毕业生的职位也开始缩减，高职毕业生找工作的压力增大，就业机会减少，就业未来不确定。越来越多的毕业生面临找工作的问题，就业结构矛盾明显，没找到工作的应届毕业生加上失业的往届毕业生，两支队伍数量庞大，给劳动力市场带来前所未有的压力，面对此种境况，对就业能力的培养变得更加重要，而且即便有如此多的未就业的学生，仍有很多用人毕业找不到合适的应聘者，这一障碍的打破极其需要培养学生尤其是高职毕业生的就业能力。

不同的地域，对人才的需求也不同，找工作求职的压力整体来讲就偏大，东部地区经济发达，理所当然地被求职的大学毕业生作为第一选择地域，那些非沿海地区，经济不够发达的三四线中小城市吸引大学毕业生来找工作的力度不够，而中西部地区，中小城市对毕业生的吸引力不大，原因也在于西部地区对大学毕业生的需求有限。东部地区，尤其是大中城市对人才的需求很大。虽然国家推出各种政策来推动中西部地区的经济发展，其所能提供的就业岗位也在变多，但与东部发达城市的距离依旧不小，在西部就业的大学生比例依旧很低。

国家非常注重就业问题，高职院校毕业生就业机遇与挑战并存，虽然中国在经济发展过程中遇到各种问题，但中国经济发展的速度还是很快的，因此为社会提供的就业前景广阔。中国加入世界贸易组织和实施西部开发战略都能增加更多的工作岗位与机会，国有企业逐步完成改革后要在近几年储备大批人才，此外，通过向农村安排高技能人才实现农村城镇化和小城镇的快速发展，种种措施都使高职毕业生的就业机会增加。还有，中国的人才流动机制在逐步健全，高职毕业生对就业的理解和态度也在日渐理性和成熟，这使得高职毕业生在面对工作抉择时有更多的选择和个人的判断。在经济进一步全球化的过程中，未来人才市场在转变，它是为有新知识、高技能的良好品质的人才而非大学生的身份准备的市场，因而要求高职毕业生必须与时俱进，离开校园完成学业后还应该不断汲取多种理论与专业知识，使个人的综合素养逐步提升。另外，企业在招聘过程中更多的是从本单位的发展实际来选拔各种学历水平的求职者，人才选拔日趋理性化，这种大环境也会给高职毕业生找工作提供更广阔的平台。

2. 扩招导致高职毕业生就业受冲击

大学生是高素质人才，大学生的就业全过程能够展示一个国家整合各类劳动就业资源的关键程序。20 世纪末中国高校扩招，仅 5 年，高等院校新生的入学率增长近 3 倍。西方经济发达国家的大学教育由高级人才到普通大众的转化至少用了十几年的时间，而中国这一转化阶段非常急速，特别是近几年，本科、研究生人数增长迅速，每年要找工作的学生人数也越来越多。待业人数多，职位数量少，势必使大学毕业生找工作难度增大。求职市场在数量众多的未就业人数的冲击之中相对缩小，矛盾就慢慢出现了。日益增长的高职院校毕业生数量对就业市场造成巨大的压力，他们的就业状况变为全社会的焦点。

当前整个社会的人才资源市场中的主力资源就是高职院校的大学专科毕业生，伴随着中国经济的快速发展，产业结构的升级，用人单位的转型使企业需要的人才素质也发生了变化，对高职毕业生的要求也越来越多。高职院校的学生在找工作时不得不考虑地域、户口等问题，国有企业、机关事业单位在签订就业协议时能解决户口问题，但非常看重应聘者的初始学历，一般要求本科毕业生，因此高职院校毕业生在上述几种单位找到工作的比重很小。同时并不是所有的私营单位都能够解决“三险一金”待遇问题，甚至连劳动合同的签订都没办法落实，导致高职学生的权益得不到保障，再加上地域、户口、社会保障等种种因素的限制导致高职毕业生在就业过程中面临的压力空前大。

（二）高职院校毕业生就业能力现状

1. 职业定位欠准确

当前很大一部分高职毕业生不了解个人的长处与自己的性格特点，职业定位欠准确。对自己没有准确的认识、定位及能力的判断，致使其面对就业岗位的选择时不知道什么是自己适合的工作岗位，无法扬长避短发挥自己的优势，导致找工作过程中败给其他求职者，或者虽然找到工作了但对工作满意度不高，最终出现离职或工作积极性不高等状况。

根据当前中国教育在线的网上相关调查数据显示，目前高职院校大学毕业生中有36.5%的学生对个人的爱好不够了解甚至完全不知道；有29.3%的高职院校大学毕业生对个人的秉性特质不够了解，还有54.5%的高职院校毕业生对个人的优势与长处不够了解。甚至还有一些高职毕业生就业意识淡漠，没有给自己准确的定位，对工作的期望值过高，梦想要进入工资高且稳定的大单位，而对那些基层的单位和中小企业不予考虑。另外，部分高职院校毕业生就业定位有偏差，对自己的专业技能、理论知识、综合素质及实践应用能力不能有准确的把握，在找工作的过程中盲目并过于理想。有相当一部分高职毕业生将找工作的重心放在学校推荐和家人及亲朋好友的关系引荐上，很少主动寻找工作单位及岗位，毛遂自荐的更是少之又少，将自己的未来寄托在别人身上，听从命运及家人的安排，没有主见，获得工作的机会变少，找到适合自己的工作概率就更低。面临如此大的就业压力，过高的就业期望与自身的工作水平及工作适应性不符，过于看重企业规模、经济效益，追求物质享受，未来理想化，未认清就业形势的择业心理在高职毕业生中还是普遍存在的。调查发现，将近60%的高职学院毕业生选择到城市的中心商务区域及经济发展快速的地方找工作，去那些不在城市中心而是在城郊或者在经济不够发达甚至稍有落后的地域的用人单位应聘的高职学院毕业生人数很少，西部边远落后地区就更不用说了。由于吃苦精神不足，敬业信念不够，相当多的高职毕业生希望毕业后能进入国企机关事业单位工作，90后进入职场，其就业观更加自我，找不到合乎心意的职业宁愿“啃老”也不屈就，有的等待就业，有的加入考试大军，面临竞争更加激烈的公务员、事业单位的选拔。

鉴于高职毕业生本身存在的上述诸多问题，高职学院应该有针对性地对学生进行就业、择业心理指导并开展职业生涯规划教育，对学生的择业、就业观念进行有效引导和教育，在教育的过程中应避免方法简单、内容单调、形式单一的就业指导与推荐。除此之外，在教学过程中培养出具有不可替代性的学生，使培养的学生具有明显特色与优势，才能使就业质量增高，实现高职学院的人才培养目标。

2. 专业技能不熟练

中国每年都有数百万的高职毕业生离开校园进入社会，其学历在用人单位的选择层次中处于中间地带，比高职毕业生受教育水平高的有本科毕业生、研究生毕业生，比高职毕业生受教育水平低的有“三校生”，即中专生、中职毕业生和技校毕业生，国家对“三校生”有补贴，企业的一线岗位更需要“三校生”及社会劳动力，原因在于可以节省聘用成本，也能够胜任工作。高职毕业生就业过程中“腹背受敌”、处境尴尬，就业难度增加。目前，部分高职院校在课程设置方面不够科学，就业指导、校企合作、工学结合达不到预期的效果，高职教育的特色没有突显，对学生的应用技能的培养力度不够，校企合作的教学模式不被重视，致使高职毕业生处在理论知识不如本科生和研究生、专业技能不及“三校生”的“鸡肋”境地，在就业大军的竞争中无法突显优势，劣势却很明显。高职院校的课程安排中对专业理论课的安排状况能够直观地将高职院校如何整合教学资源及办学理念及思路反映出来，它会间接影响高职毕业生的知识结构掌握情况和专业技能的熟练程度，进而影响高职毕业生在就业人才市场上的竞争力。高职院校应该在教学过程中坚持理论与实践并重，同时还应注重职业能力的培养，加强对实训基地的投入，提高实训条件，形成合理的“双师型”教学师资队伍。

3. 团队协作能力缺乏

团队由领导者和团队成员组成，一个充满效率的工作团队其成员在各自的岗位做好本职工作的同时，更能彼此配合将团队的效率发挥到最好。团队协作是一种集体力量与精神，还是整个集体成员认同且乐意为其奋斗的共同目标。高等职业教育的任务是培养具有理论知识、专业技能和端正态度的学生。有 90%多的企业认为“态度”在选择应聘大学毕业生时尤为重要，高职毕业生的职业能力与素养是企业最看重的，包括较强的团队意识、集体合作能力、组织协调能力及沟通表达能力。较强的团队意识是评价毕业生是否具有相当的综合能力与素质的重要标准。由此可知，是否拥有相对比较强的集体意识团队精神和团队合作能力是高职生离开校园初入职场面对就业竞争的重要筹码。如今的大学生都是 90 后，大多为独生子女，在长辈的宠爱及社会环境的影响下性格特征为突显自我，喜欢独处，集体意识淡漠。针对这一特点，高职院校的团队教育与培养要有目的、有针对性地采取渐进式的培养方式，实现课堂灌输与课外体验相结合的方式。人和人彼此之间凭借一些符号传达信息，表达并捕捉彼此的思维、想法及感情，并能够对彼此的心理活动及行为模式产生影响的社会行为活动被称为人际交往，它是行为人个体和周边的人彼此之间心理与行为活动的交流与沟通的过程。人与人之间的交往能力是指人们彼此之间在开展交流往来行为活动进程中协调彼此间的关系，对整个行为活动的效率产生影响，提升彼此之间交流往来的质量层次及达到交流与往来的目的的独特的心理行为活动。人与人之间彼此交流往来的能力在高职院校大学生的综合素质里面的地位最重要，其能力的高低会对个体的全面协调发展产生直接影响。高职院校的教育在中国的高等教育中的比重很大，是非常重要的构成部分，其目的是教育培育出大批具备相当的专业理论知识水平与较强的实践应用技能的，面向社会各行各业的一线岗位的、实践应用技能类的、拥有一技之长的技术型人才。高职院校学生在人与人之间的交流与合作中逐渐成熟起来，并逐渐成才，最终迈向成功。个体的欢乐、开心、愤怒、悲伤等情绪同样与人们彼此之间的交往有着密切的关系。在生活中，周围有一部分人在某些层面拥有超于凡人的才能，却没能有好的发展，究其原因是和他人的交流与合作不畅所致。美国卡耐基理工学院的研究人员对1000人的案例进行追踪记录并分析研究，最后发现，50%的人成功源于自身有着熟练的专业技术能力，拥有智慧的思维及较强的工作能力；85%的人成功是因为他们的个性特质，因为他们有着良好的与人交流往来合作的能力，在高职院校学生们的学习生活中，具备良好的人与人之间的交流沟通协作能力，不仅能对大学生活产生积极的影响，还能对他们未来的专业发展工作方向进行规划，并对就业能力产生很大的正面作用，更能为其日后步入社会打下良好的基础。从某种层面上讲，人与人之间的交流沟通能力是高职院校大学生适应这个复杂社会的综合全面的体现。然而当前的高职院校大学生们彼此之间的关系存在着很多问题，如彼此认知偏离实际、人与人之间的情感出现危机、人与人之间的交流功利化、彼此之间的交往需要有人进行指导、人与人之间的关系紧张等，这些状况都令人非常担忧。

（三）适应职场与工作能力偏弱

职业适应能力是指个体在完成某一项任务时应该具有的生理与心理方面的综合素质与特质，是遗传因子与后期所生活的环境两者之间相互影响，最终彼此融合而成的能力。这几年，高职院校毕业生在就业过程中受到专业技术类的本科生、中职生的两重冲击，除此之外，新型农民工对高职毕业生就业也形成了挤压。因此，提升高职院校毕业生的工作适应能力，接受找工作过程中的角逐，迅速完成由学生到职业人的过渡，既涉及高职院校毕业生的生存现状、就业前景和未来发展，又会极大地影响中国高职院校教育的发展。是否具有一定的职场中的适应能力已然发展成为评估当代人在工作中的幸福指数、社会生活的满意程度、对工作与生活两者是否契合的关键指数，也是当前社会中人们能不能适应当前复杂的社会条件的关键指标。如何增强与提升高职院校学生适应职场与工作的能力，让他们离开校园后短时间内由初级劳动者快速转变为中高级专业技术型人才是高职教育的重点研究方向。高职毕业生如果想顺利就业，其综合素质与适应能力必须要适应严峻的就业环境和有限的就业岗位。目前的状况是高职院校毕业生找工作的期望与当前的就业形势之间，高职院校毕业生个体的职业素质、能力与人力资源市场之间有断层，而且是高职毕业生难找工作的主要原因。首先，个人就业期望值与现实就业环境之间的距离，例如，岗位性质、就业区域、薪资报酬与持续发展等要求，与现实环境相比落差较大；其次，人力资源市场需求和高职院校毕业生个体能力间的实际差别；最后是非常缺乏社会阅历与经验，有报告显示将近 50%的高职毕业生因为社会经验不足而倍感困扰。由此可知，很多客观原因导致高职毕业生在找工作过程中缺乏竞争力，工作经验不足和实践能力不强是与其他群体相比存在的弱势。

二、学生就业能力提升的策略

高职院校的首要目标是培养具有高水平就业能力的毕业生，高职生就业工作是高职院校的重要工作。无论是国家教育部门还是普通的高职院校教育工作者都非常关注高职生就业能力的培养问题。2014 年以来国家采取了一系列的政策与措施缓解大学生找工作难的问题，不能回避的现状及未来几年大学生不乐观的就业形势提醒人们，对高职毕业生的关注要更多，努力探寻提升高职毕业生就业能力的途径。

当前，社会上认为，高职院校作为国家的教育机构，承担着培养学生就业能力的责任与义务，然而考虑现实状况之后，发现其实高职院校在人才就业能力的培养过程中发挥的作用有限，学校单方面没有办法做好这个任重道远的教育任务。实际上就业能力概念宽泛，在用教育的方法手段来发掘与培养的同时，还需要社会各方面的共同努力才能实现高职生就业能力的提高。

（一）提高就业能力学生自身是关键

提高高职毕业生就业能力的关键因素是学生本身，外因通过内因起作用，相同的学校环境，每个学生的就业能力会有所不同，学生自身是关键。高职院校在校生要从自己做起，首先要提升自我对专业理论知识与技能的习得能力。中国的大学严进宽出，高考后学生彻底解放，大学期间学习压力不是特别大，又有相当一部分的学生是特别在乎成绩和排名，甚至有学生追求及格不挂科就好。实际上大学几年的学习是学生自身构建专业知识体系的关键时期，也是锻炼学生综合素质参与各种活动的最佳时期，还是提高高职学生实践应用技能的重要阶段，这些学习能力都为高职学生日后的就业成功提供了保证。其次，树立正确的就业观念。正确的就业观念能指引高职院校毕业生顺利找到工作，在如今“双向选择自主择业”的就业体系下，高职院校毕业生应从传统的观念中脱离出来，用科学理性的思考方式面对就业问题，这对自己和整个社会都能起到积极的促进作用，也能为成功找到工作提供保证。考入大学之前，考生与自己的父母大多看重的是著名学府、炙手可热的专业、高不可攀的分数，然而几年的大学校园生活的历练，早前曾有的荣耀，已经渐渐褪去，当初入学时的抢手专业，同一分数线、同一起跑线，却在走出校门离开校园之后产生了不同综合与素质能力的毕业生。同样的学校、课程与专业，培养出来的学生水平各不一样。在人力资源市场中，有的毕业生受欢迎，有的则不受欢迎，甚至滞销。这些都是因为传统的教育观念带来的困扰，只有转变就业观念与态度，才能拓宽就业的路子。毕业以后的人才角逐的筹码不仅在于学历与名校的包装，更多的是个人的综合素质能力及恰当的自我展示与推荐。如果入学前还存在天壤之别，那毕业后则站到了同一起跑线上，机会并不相差多少。最后，积极采取就业行动。天道酬勤，在就业过程中要多付出，多努力。当前中国处在体制转型阶段，就业体系不完备，就业市场不规范现象也很多，外在的客观因素无法改变，但可以从改变自己开始。找工作需要高职毕业生主动出击，提高自身条件，采取正确的有效的就业行动，充分把握就业现状，熟悉相关法律法规，以免受骗，遇到纠纷时也能维护自身权益，知己知彼才能将就业障碍扫除。

1. 做好职业生涯规划

高职学生面对当前的就业形势，从入学开始就要树立正确的职业价值观，做好职业生涯规划，清楚地了解自身的长处和不足，准确把握自己的特长、兴趣爱好和能力范围，确定自己有兴趣的就业目标，有针对性地提高自己的职业修养，先下手为强，这样才能避免毕业时盲目，不会临时抱佛脚，熟悉并了解当前就业市场的供需状况、锻炼提升在职场中赢得就业机会的能力是高职学生在校期间应做到的两个基本点。十年寒窗苦读，三年高职大学生活是为了追求人生理想，实现人生梦想，合理地规划现在和未来，积极主动地学习构建自己的理论知识体系，掌握融会贯通、举一反三的学习方法，合理利用时间，在实践中培养个人的兴趣与爱好，学会人与人之间的有效交流与沟通，在能力价值、思想前途等各方面提升自己。按照自己的实际情况制定个人的职业发展目标，在学校老师的指导与帮助下制定个人的职业规划，在这一过程中要特别注意两方面问题，首先，按照规划安排自己的学习、生活及实践，要落到实处，防止计划落空；其次是在职业生涯规划实施的过程中，及时处理反馈回来的信息，总结进步或成功的经验，鼓励自己再接再厉，还要分析不足并设法改进。

2. 加强专业知识学习和应用技能提高

高职院校办学的理念就是要为社会各行各业的一线工作岗位培养具备扎实的专业理论知识体系，同时又具备实际应用技能的高水平高层次的技能人才。具备扎实的专业理论知识与过硬的实践应用技能的高职生才能在走上工作岗位后受到企业的欢迎，这也是高职教育人才培养的特点。企业选拔人才时除了看重应聘者大学期间掌握的专业理论知识，还更看重实际操作应用技能。当前的教育现状是理论知识与实践相脱节，问题较多，有些高职生重理论轻实践，会说不会做，而另一部分高职生重实践应用技能忽视专业知识，导致进入职场后劲不足，发展受限，甚至会有仅凭经验工作缺少理论指导而出现失误的情况。理论是实践的基础，增强实践应用技能可以让高职毕业生快速适应用人单位的岗位需求，满足工作要求，从而提高高职毕业生的就业信心，提升企业对高职院校合作办学培育人才的自信心。

高职毕业生就业是否稳定取决于他们是否具备扎实的专业理论知识及过硬的实践应用技能。高职生在校学习期间应该积极融入理论与实践相辅相成的教学环境中，借助学校、社会、企业已有的平台资源，既要提升应用技能，给未来找工作奠基，又要储备建构完备的专业知识体系，以便日后参加工作在岗位上指导实践。实践能力不是短期内能够获得的，需要反复进行验证才能得出有指导价值的经验。高职生要重视学校的教学实习，熟悉实习环节的操作规程并认真执行，提升个人职业素养，为日后找工作打好基础。除此之外，高职生还要积极配合学校与企业安排的工学结合顶岗实习，抓住每一个机会体验真实的工作环境，向用人单位的老员工请教了解岗位需求，增强实践技能，提升职业素养，为日后找工作做准备。不可否认的是，从事任何一项具体的工作都必须具备相对应的专业理论知识及实践应用技能，尤其是高职院校学生离开学校步入社会以后，有相当一批学生都会到各行各业的一线岗位去工作。既有扎实的专业知识又拥有过硬的实践技能的学生才会受到用人单位的欢迎，这也是高职生的培养特点。

3. 做好实践技能和创新创业能力培养

高职院校更看重培养学生的实践能力，所以高职学生在上学时应尽可能多地参加各种活动，无论是老师组织的实践还是学校安排的实习，都应积极参加。高职生应珍惜各种机会，利用学校搭建的活动平台去实践，在实践过程中提高分析问题、处理问题的能力，加强集体协作意识，增强沟通能力，进而提升就业能力。实践教学对培养实践应用技术非常重要，高职生需要的实训场地环境及设施要求非常高，用人单位与学校提供实训基地可以为高职生提供真正的实践机会。学校还可以改革实训教学，培养高职生的职业适应能力。首先，强化校外实训基地的实践功能，提供半年以上的企业顶岗实习机会，让学生在真实的工作环境中熟悉企业文化，了解岗位需求，积累工作经验，打好工作基础。其次，专业教师到用人单位锻炼指导学生，取企业员工实践经验丰富之长补己之短，向“双师型”教师发展，从而更好地指导校内实训。再次，邀请企业精英指导校内实训教学，提升实训质量，加强应用技能，从而提升学生们的就业综合水平。最后，学校要争取社会各方面在资金、设备、技术等方面对学校给予支持，建成更好的实训、实习基地，为学生提供更多的实践机会。创新能力是指人们将个人已经掌握的专业理论知识与技能，经过反复的钻研与摸索，得出不同的结论，创造出具备一定的社会价值意义的新鲜事物的技术与能力，是一项综合性强的高水平高素质的思考能力及行动力。创业是主动的就业活动，发挥潜能开创事业的同时还创造了就业岗位，缓解了社会压力。从教育部的统计数据看，中国每年的创业大学生比例不足1%，应届大学毕业生的创业比例不到0.4%，而高职院校大学生的创业比例就更低了。高职大学生创业能力滞后，创业率则更低。在德国、美国等经济发达的西方国家，他们每年的大学毕业生的自主创业的比例占20%~30%，这些数据说明当前中国的高职院校毕业生的自主创业比例无法与发达国家相比。

当前中国大学生创业意识淡薄，高职生更是如此。近几年，国家也在出台各项政策鼓励扶持大学生创业，高职院校应从以下几方面教育引导高职学生的创业意识。首先，开设讲座或专题研讨活动，请来自主创业成功人士与学生现场面对面交流并讲述个人经验，从而带动学生们的创业意识；其次，将成功创业的大学生案例作为典型引入课堂，贴近学生给其创业信心；再次，创建高职院校大学生创业见习与实习基地，同时开设创业课堂，理论与实践相结合，开展创业项目，积累经验。

4. 重视岗前求职培训

岗前求职培训能够让学生完成学生到职业人的过渡，有针对性的培训能够提升学生的求职能力。现实状况是有相当一部分高职生对此不够重视，导致对企业的文化制度不了解而产生矛盾与分歧。适应不了企业的价值观及制度，在走上岗位开始工作时无法尽快适应，满足不了企业要求，在实习期出现各种问题，如不理解顶岗实习的真正目的与意义，简单视为打工，走过场，机械地工作，忘记从中学习的任务；害怕吃苦，缺乏吃苦精神，习惯自由，厌倦实习，无组织无纪律，消极散漫，对自己要求不严格，遇到困难易放弃。因此，高职学生必须对岗前求职培训有一个正确的认识，并重视其内容才能提升自我。

给高职院校大学生进行职前培训，最终要达到使其能够应对找工作时遇到的种种困难，整合人力资源市场需求与人才市场的供给，使双方契合。高职院校大学毕业生在找工作过程中的角逐，事实上是个人综合素养的角逐，角逐的筹码即高职院校学生本身所具有的专业理论知识体系与实践应用技能。为了增强学生的求职能力，高职院校在学生在读期间和毕业之前为学生提供一系列求职信息和加强求职能力的求职培训活动。高职院校应该为学生们创造条件，提升学生职业适应能力及培训与引导其个人求职能力，并尽可能多地为其提供用人单位的招聘信息，使学生熟悉个人的基础专业，熟悉自己未来即将进入的行业范围及自己即将承担的工作与社会角色，还要针对自己的秉性特质，擅长的领域及个人的长处做好个人的求职规划，进而树立起个人的未来发展规划与个人梦想。高职院校学生通过3年大学时段的锻造，其正向思维若能被很好地调动起来，就能够运用创新思维掌握本课程的专业理论知识体系与专业实践应用技能，给自己设计一个全面发展的职业未来。

5. 树立积极健康的心态

各方压力的冲击使高职毕业生处于内心煎熬的两难的选择境地。大城市机会相对要多，学到的东西也多，但买房压力大，远离父母，照顾不及，时间成本生活成本高；小城市、家乡机会少，越小的地方裙带关系越严重，去基层锻炼担心回不到城市或家乡，小的企业制度不健全，发展受限，“铁饭碗”难进也难端，沉闷刻板、人际关系复杂等。更难的是面对各种选择使得高职生易迷失自己，要想理性地做出就业选择，就要摆脱焦虑不安，将心态调整好，转变就业观念。转变自身就业观念可以纠正偏离的心态，但整个社会大环境的改革还需要完善的体系来做后盾。这就要求经济结构发生改变，社会转型，让更多的大学生、高职生有施展自身能力的机会。转型后的社会更加公平，“蚁族”、“蜗居者”的现状发生改变，通过个人的奋斗实现自己的理想，大环境未发生改变时就要通过个人奋斗，用积极健康的心态面对择业，主动获取相关的知识和信息，包括明确知晓相关行业、心仪企业的企业文化与制度，知道各种岗位对应聘者的综合素质要求，清晰认识企业内涵，掌握专业知识与技能，学会社交，处理人际关系，通过更多的渠道去找工作，了解国家、地方的各种关于促进大学生就业的政策，机会青睐有准备的人，做好各方面的准备，机会来临时才能有更多把握胜出。

（二）高职人才培养要契合市场需求

高职院校是培养高职人才的主体，高职毕业生总人数、就业能力、人才质量及与市场岗位需求的契合度影响就业率。高职院校从专业设置、培养模式、就业指导及行业需求契合度等方面来影响高职生的就业能力。

专业设置。专业的选择对于毕业生而言至关重要，直接决定其专业知识和技能及将来的就业问题，其中的专业技能决定着就业能力，影响着择业范围，即使相同专业的毕业生在社会中的不同领域的认可程度是不尽相同的，所以，高校在专业设置方面要充分考虑市场需求，符合经济社会的发展，得到社会的认可。

培养模式。高职院校学生应全面提升自身综合素质，以满足社会需求为目的，现阶段绝大部分高职院校仍然侧重于大学生的专业理论的学习及大学生的交际沟通能力的提升。相应课程设置也以数量、课程的教学方式、组合方式和考核方式为考量。课程设置与学生接受能力会影响到学生，同样也会影响到学生的综合素质的提升。

就业指导。指为实现学生自身价值同时创造社会价值提供进一步的培养过程，其在高校就业指导服务过程中获得的能力在就业中起着至关重要的作用。高校对于学生的就业相关信息的收集和公布，自身职业规划，在求职和面试过程中的指导，甚至在自我创业过程中提供必要指导，都会对大学生就业能力的形成有重大的意义，相反，高校工作不到位，直接会影响到就业率。

学校依靠的行业需求不稳定。社会中的某些行业经过市场经济长时间的关注行业发展，继续保持之前的招生量，且专业设置未能创新，势必会影响学生的就业，降低高校的就业率。

1. 就业能力培养与理论教学并重

用人单位选拔人才时关注重点不是名校、好专业，更多的是实践能力、综合素质及未来高职生入职后对企业的贡献。所以，以就业能力为导向，注重培养高职生的实践操作技能及提高学生综合素质，才能使其在毕业后更有竞争力。按要求完成教学工作，达到教育目标，教师在整个教学过程中起着积极的作用。所以，高校建设高水平、高技能的教师队伍显得至关重要，同样也已经成为很多高校建设的关键。目前，高职院校的教师队伍大多数来自高等院校，虽然有较高的理论层次，但没能经历相关专业技术的培训和实践，甚至没有接触过工学结合模式，仍然选择比较传统的教育方法，以课堂、教师、教材为中心，注重讲解专业学科门类的理论知识，对实践应用技术的培养不够重视。高职院校学生的学习不够主动，如果不能提高学生学习兴趣，不能把学生作为教学的主体，忽略了学生的实践性和自主性，而毕业生也不能达到高职院校的培养目标。同时，高职院校应吸纳更多的专业技术人员，加强教学理论与实践环节的结合，在注重知识的同时能力也得以提高，培养出来的毕业生能够很好地适应社会所需。当前社会上普遍存在大学生就业难及用人单位招工难的问题，高职院校学生想在各类应聘者的竞争中脱颖而出找一份比较不错的工作很难，用人单位招聘到合适的员工也难。分析原因有很多，很重要的一点就是社会发展岗位需求与高职院校培养出的人才不契合。很主要的因素就是高职生的专业知识结构与就业能力不能满足当前社会状态下市场岗位的要求，因为很多企业发现高职毕业生走上工作岗位后需要一段时间来适应工作环境，会给企业的运营带来影响，所以很多用人单位在选择人才时会提出有一定的工作经验的要求。高职教育中存在的理论与教学脱节及与企业的深度合作缺乏的现状需要改变，只有将教育与社会生产紧密结合在一起，才能将教育为社会发展所做的贡献落到实处，学生需要课堂理论教学与时间能力两者结合培养才能获得提升。高职院校要与企业深入合作，同时紧跟市场需求开展岗位需求分析，对毕业生入职后进行跟踪调研，按市场需求设置课程及专业，并根据社会需求对专业的大方向及时做些调整，避免学生步入社会后其专业已经不适应岗位的需求而导致多重资源的浪费。调整专业方向核心是岗位需求，所设置的课程体系与工作要求要相契合。高职院校应邀请企业的技术骨干参与课程的设置与开发。首先，改变传统教学理念，根据职位需求，重视培养高职生的知识素质与能力，设置实践技能与综合素养并重的课堂教学；其次，按照用人单位的岗位需求结合高职院校学生实际情况，编订与实际生产紧密相关的课本与教材，将理论课程与实训实践紧密联系起来；再次，根据社会经济发展的需要更新设置课程内容，添加新的知识和技术完善教学体系及内容。

2. 开展校企合作与工学结合

关于工学模式的定义在学术中的阐述不尽相同，通过综合比较分析，可以理解为是学校、用人单位、学生三方面默契配合将课堂的专业理论知识，学习与实践应用技能有机结合起来更好地培养人才的全面综合的方式。通过查阅国内外的教育理念，可以确定工学结合模式是现阶段职业教育贯彻国家教育理念和社会劳动相结合的重要方式，符合教育的基本规律和特点，能积极反应职业教育的核心特点，可以有效地指导现代职业教育的发展方向。以就业为指导，学生作为内容的主体，以提高学生的综合素质为本质，与企业需求相匹配，注重过程培养，注重培养内容与工作需求的有机结合。工学结合模式以培养毕业生的综合能力为本质，使其具备良好的职业道德和实践能力，并能满足社会的基本需求，以能很好地胜任相应工作岗位为目标。早在 100 年前在西方国家中就出现了工学结合模式。工读交替制有短期和长期两种，也被称为“三明治”模式，即学生最初进行 1 年的工业训练，然后回学校再进行 2~3 年的理论学习，再用 1 年时间去企业实习。在美国，以“合作教育”贯穿社区学院的教学过程，社区学院为主，企业为辅，整个过程在学校和企业共同完成。德国则采用“双元制”，一元主要是学习相关的理论知识；另一元则指企事业单位等的实训基地，在这些场所学生则可以受到更专业的培训。这种模式的特点：一方面具有较强的针对性，另一方面具有广泛的参与性。“双元制”职业教育模式可以实现学生的学以致用，将自身的理论学习与企业的特定岗位的设备、技术等相结合，此过程有利于学生毕业后的顺利上岗。企业的广泛参与也可以为企业减少对于新毕业生的过渡培训，减少企业的支出。澳大利亚则通过多年的摸索形成了以雇主为中心，将行业需求作为职教教育的主导使职业教育具有较强的发展动力。人才的培养方案集中体现国家的总体战略、方针，工学结合必须落到实处，就需要制定相应的保障制度，保障人才培养模式能够在院校顺利展开，在工学结合人才培养模式实施过程中，教师应坚持以市场需求为导向，从专业人才培养目标设计、课程体系设置等方面改革，为高职院校大学生创设良好的基础环境。

加强与用人单位的交流与合作，高职院校的人才培养理念是为社会的各行各业的一线岗位培养具备专业理论知识体系及实践实用技能的高水平高技能的专业人才。如今，高职院校毕业生找工作面临的现实状况是用人单位急需大量的高学历实用技能型人才，而当前高职院校毕业生的实用操作能力，不能够满足企业的岗位需求，这就需要加强高职院校与企业的合作，逐步提升工学结合的效率，可以有效提升高职院校毕业生的就业能力。

当前中国高职院校教育的短处在于学校与用人单位的合作力量不够，合作开展不充分，高职院校办学历史短，社会对其认可程度不够高，实训软件硬件条件不足，"双师型"专业技术型教师人数不多等现状导致很难单独依靠校方让高职生获得全面锻炼，学习实际应用技术水平。传统的高职院校教育将学校内部的实训与学校外的实习分开。近些年高职院校招生人数的增加使得专业技术型教师的比例相对更小，这就更难保证高职生实际应用技能地培养了，更何况，有些高职院校的校内模拟实训与真实的企业岗位生产差距很大。与学校不同，企业有比较多高级应用技术型人才，接触的都是当前最先进的生产技术，能够提供让高职院校学生学到更多更新的实用技术的真实平台。校企合作、工学结合的教学过程由实验、实训和实习 3 个重要的环节构成，具有实际应用性、全面开放性和职业岗位性三大特征。双方的合作可以解决高职院校办学条件及应用技术型教师不足的问题，还可以让高职生通过在企业中接触真实的工作岗位，提前体会真实的工作环境，从而让其明白自己需要学习的理论知识与应用技能的重要性。创建用人单位、学校、学生三方面边工作边学习的教学方式，健全完备的法律体系来保证这一人才培养模式的健康有序有效地运行。德国的职业技术教育办学理念中，职业学校、用人单位严格按照国家政府部门颁布实施的政策法规运行。当前中国还没有配套的详细的有针对性的政策条文来对学校与用人单位做相应的限制或支持，因此，在目前没有健全的政策条文的处境下，如果想带动并推进用人单位与高等职业院校的办学，高职院校应尽可能想办法让用人单位从工学结合的模式中受益，继而带动用人单位主动地加入学校与用人单位的合作中来。高职院校更应主动联系用人单位，按其所需开展教学，与用人单位展开技术研发，与用人单位共享学校的优势资源，并诚邀企业参与学校的课程改革及发展，共同参与培养学生的专业技能，尽可能将用人单位所需要的利益最大化，尽量降低或者化解对方的困难或损失，达到互惠平等、共同分享利益、一起承担风险的互利双赢模式。综上所述，高职院校与用人单位的合作办学，让学生在校期间边学习边工作的人才塑造方式对提升高职院校学生的就业能力有着积极的作用。第一，校企合作、工学结合能够按照企业需求，有针对性地培养专业人才，提升高职院校毕业生的就业能力及水平，推动高职院校的长远发展；第二，在校企合作、工学结合模式下，培养出来的能够满足用人单位需求的实用技能型人才更受企业欢迎，因为可以给企业的生产经营节约成本；第三，校企合作、工学结合模式使高职院校学生在一线岗位接受专业性、职业性的指导与锻炼，让学生了解日后所从事的工作的各种相关的信息，提供了预就业机会，让高职院校学生更有信心和责任心，并具备相对准确的自我判断能力。工学结合、校企合作可以让高职院校、用人单位及社会各方都能够获得自身所需要的利益，是高职院校教育的必然选择。

（三）完善高职院校毕业生就业指导体系

高职院校通过为高职学生提供就业指导来提升他们进一步实现自身人力资本价值的目的，这一指导最为直接，可以将指导学生就业跟高职院校学生如何规划设计未来工作的相关课程纳入教学安排中，为在校的高职院校学生提供相关的求职找工作的信息搜索、求职面试技巧、创业培训及计划未来的工作等各种实际的引导，上述各种对于提升高职院校毕业生的就业能力有很积极有效的作用。高职院校要根据实际情况有针对性地开展就业指导活动，首先要了解企业对人才的需求及岗位要求，进而与高职生进行对比，了解不足并对其有效地进行指导。高职院校应在就业指导体系构建过程中注重强化高职学生的实践应用技能，让他们早点熟悉社会，给自己的未来工作方向定位，再根据自身条件确定日后找工作的方向，同时可以将就业指导融入实习、实训过程中，利用实习、实训提高学生的集体协作意识及组织协调能力，培养专业技能；指导高职生在求职时学会推荐自己，并指导他们面试的技巧，平时注重培养学生的语言表达沟通能力及人际交往能力；自我推荐与面试模拟可以考核高职生真实介绍自己及完美展示自己，招聘者可以通过面试来了解判断应聘者的秉性和与人交往的能力进而决定是否录用，教给高职院校学生面试的技巧，让他们明白面试时应该注意什么；在找工作的过程中礼仪很关键，谈吐优雅、衣着大方、态度真挚可以让招聘者眼前一亮，细节往往更能表达一个人的特质，所以礼仪培养对高职生来说，也是进入社会之前需要在学校好好学习的重要一课。

高职院校在学生的培养过程中，通过指导高职生就业，一方面可以使学生在求职面试时展示个人风采；另一方面还可以让高职学生掌握更多社交能力及沟通能力，可以更好地从容地面对就业问题，提升就业能力。

（四）增强创业课程培训，提高创业就业能力

政府部门面对当前的就业现状，积极提倡鼓励并支持大学生创业，因为创业在解决大学生就业问题的同时，还能为整个社会提供更多的就业机会，政府为创业的大学生提供税费减免、资金支持、贷款等优惠政策，很多高校也开始创建创业园区、创业基地，为学生提供创业的场地、设备等方面的支持，各级地方政府也出台了相应的政策文件对创业高校毕业生进行一次性资金补贴，让他们在平凡

中活出精彩。国家将大学生就业问题提升到战略高度，充分体现了党和国家政府的重视程度，把创业作为推动就业的核心动力，是中国在充分总结分析了近年来中国的大学生就业情况，深入了解过扩大就业的规律，科学严谨地分析就业形势而提出的。大学生成功创业后能够提供就业岗位，进而带动就业，这也是缓解当前大学生难找工作的有效方法，对于如何培养毕业生的创业意识并提供合适的创业环境是政府、高校及社会关注的问题。鼓励大学生去创业是顺应时代需求，符合当代社会经济发展流向，整个社会大环境也在关注大学生创业，既是焦点也是热点，同样也是党和政府及地方出台相关政策的关键词。创业是毕业生的主动性就业，因此，对于大学生创业与就业相关性的研究就显得十分必要和迫切。让创业催生更多工作岗位带动就业工作，是指劳动行为人建立新的用人单位，包括建立一些个体经营的项目或多方合作的组织，能够推动就业，开创企业，一方面可以解决自身的饭碗问题，同时也能增加更多的求职岗位，提供更多的找工作的机会是解决更多劳动者就业的最佳途径。大学生已接受过相关教育，并可根据相关领域结合自身所学知识和技能来创造更多的物质和精神财富，并同时为其他人的就业活动提供帮助。综合分析，现阶段大学生创业失败者远远大于成功者，虽然大学生在创业方面有很多优势，包括理论层次、技能水平等，但大学生的整体素质和实力是创业成功的基础，同时政府和社会的政策扶持和导向也起着风向标的作用。中央和各地政府为帮助大学毕业生创业也都制定了相关的优惠政策，包括降低注册成本、给予贷款扶持、税收优惠等。高职院校要以培育创新型人才为目标，全面推行课程的内容设置与教学模式的改变，提升整个师资队伍的整体质量与水平，逐渐增加教学与培训及实际应用课程体系的建立和完善，并大力开展相关问题探究和调查，为改革传统的教学模式，提升高职院校在创新创业教育方面的理论研究水平及教学质量，完善当前中国的高等教育中的创新与创业课程教育与教学体系的建设而努力。

三、加强政府的宏观调控与高校的自主权

政府的宏观调控对高职院校毕业生的影响最大。政府对高职类院校要用正确的方法，站在一定的高度进行指导，协助高职院校完成人才预测及专业的调控，并掌握各种不同类型的人才培养规模，尤其要注重专业的实用性，以便符合社会需求，提升高职生就业能力，完成高职院校有效的非盲目性的改革，政府除了对高职院校进行宏观指导还应将更多的自主办学的权利交给高职院校，让其在原有的高等教育体制下能够有所创新，包括办学内容、思路及举措等方面有新的突破，进而将职业院校的教育提升一个水平。没有充分的自主权就无法充分发挥高职教育的优势，高职院校在专业设置、教育改革和人事安排等方面拥有更多的自主权，就能够真正面向社会面向市场办学，能够按照市场的发展需求设置专业类

型，确定招生人数。

（一）扩大宣传，树立培养学生就业能力的意识

中国的高职院校历史发展时间不长，整个社会不太了解高职院校，高职院校的发展定位及培养的高技能人才不被社会熟知。高职院校毕业生找工作时往往因为在高职院校就读而不被企业看重，甚至有不少企业招聘时不考虑本科以下的高职院校毕业生。面对这种情况，政府部门理应完善就业法制体系建设，着重监管劳动力市场，对有就业歧视的企业采取处罚措施，严禁就业歧视再次发生，从而提高高职院校教育的毕业生在一个平等的环境中找到工作。除此之外，政府部门还应该通过加强对高职院校的宣传，创造良好的社会舆论环境等方法改善提高高职院校在整个社会中的形象，为高职院校的毕业生创造较好的就业大环境。

政府部门在高职院校毕业生找工作的过程中发挥着至关重要的作用，政府部门一方面要积极履职，另一方面还要避免大包大揽，应坚持以市场为导向，改变高职院校毕业生就业的传统观念，指引高职院校毕业生积极主动争取就业机会。政府是对高职院校毕业生就业造成影响的社会因素中的最主要的一个因素，大部分高职院校招生的专业设置都由政府宏观把握，而大规模的招生使得人才市场供过于求，带来更大的就业压力，企业面对如此多的大学生便优中选优，造成适合某份工作的高职院校毕业生被淘汰。

另外，有些专业的高职院校毕业生的数量供不应求，如建筑、机电等工科相关专业，市场对他们的需求量很大，这些毕业生好找工作，政府应适量增加这些专业的招生数量；还有些文史类、理科专业就业状况不太好，供大于求，这些专业的招生数量不能再继续扩招，否则会继续加大就业的难度，应适当减少这些专业的招生人数，缓解供求压力。政府部门的盲目干扰会造成不符合市场需求的专业出现，而最终影响高职院校毕业生就业。因此，政府部门应适时对不断发展变化的市场及人才需求做出准确的评估，掌握市场需要的人才类型，然后对高职院校专业进行设置，将人才数量与岗位需求数量比尽可能降低。

（二）重视投入，加强政策支持力度

中国的高等职业教育有 30 多年的历史，随着高职教育的快速发展，各级政府部门也关注高职教育的发展并为其良性发展提供了不少帮助。在政策、资金等方面对高职教育进行引导扶持，包括全力倡导工学结合培养高职人才，给高职院校提供资金支持，建设实训场地并提供设备，加大宣传高职院校，全力指引高职院校毕业生就业。然而，现实仍存在很多问题，例如，积极地倡导并开展高职院校与用人单位密切合作的培育人才的方法，为高职院校、学生、用人单位三方创

设较好的合作环境，在场地、资金、技术等方面提供软件与硬件的全面保障，积极提高高职院校的社会形象，主动引导高职院校毕业生找工作，让他们更好地就业。由此可知，高职院校要积极争取政府部门出台对高职院校学生就业能力培养有利的相关政策法规。首先，要向各主管部门申请争取对高职教育办学加大投入，建设实训场地，健全实训设备；其次，取得政府部门在税费减免等方面的政策支持，使得用人单位主动与高等职业学校展开合作，推进高职院校与用人单位的合作，全面提高高职院校学生的综合素质与就业能力；再次，高职院校可以跟政府及企业主动沟通并协调，以赢得行业支持，鼎力宣传高职教育的毕业生就业，开拓更多高职生就业的途径。

大量的资金投入及实训设备的保障是校企合作、工学结合模式开展的前提条件，这种教育模式成本很高，而高职院校学生的实训又是必需的，因而高职院校应有更大的投入。某些工科相关专业实训和实习对场地及设备的要求更高，而高职院校办学条件有限，提供不了仿真实习基地，必然影响高职生实践应用技能的培养，这一阻碍高职教育发展的瓶颈一直存在，政府需要解决这一问题，然而事实却是，各级政府部门在高职教育的发展中并没有做好管理、协调与监督的工作。政府对高职院校外部宏观优化、长远发展规划、与各行各业及相关企业的合作不够重视，各方面的投入也不足。中国在相当长的一段时间区别对待普通高校与高职院校的招生政策与扶持政策，对高职教育的发展不利，使其社会地位降低，并大大加重了整个社会对高职教育的片面理解，继而造成了一些企业想参与工学结合、校企合作却因资金及政策支持无法落实而放弃。另外，政府对高职院校教学中的工学结合资金支持空缺很大，导致师资受限，在实训与实习的具体操作与管理时会浮出各种特殊状况，都需要指导老师来出面化解，如消极怠工、操作不当等问题，人手不够造成很多问题没能彻底解决，甚至有意外发生，种种政策和资金的不落实限制了学校在选择合作企业时的选择范围，不能提供高质量高效率的顶岗实习，影响学生学习实践应用技能。以上种种问题，都需要政府来统筹规划解决。

（三）政策支持，提供就业能力培训服务

政府财政支持是高职教育的主要资金来源。世界上每一个国家的教育在政府部门的地位都是非常高的，政府财政部门对其提供的投入与关注也最多，因为无论多穷也不能穷教育，充足的资金是提高教育水平的前提。高职院校办学要紧跟社会发展需求，注重高职院校学生的实际应用技能，对实训课程、实践基地及专业技能实践的设备有一定的要求，这些都加大了高职院校办学的成本，而资金不充足又会反过来影响办学的质量。注重高职毕业生提升就业能力，设立专门提升

培训就业能力的资金，专款专用，为高职院校学生就业能力的培养提供坚实的物质保证。在政策及资金方面，对那些为高职院校学生的就业能力培养提供培训的组织提供支持，进而促进他们的积极性，还要增加对那些校企联办的校外实践基地及创业基地的政策支持力度，指引参与校企合作的企业及行业积极投入到高职院校学生各方面综合素质提升的工作中，提升其就业能力。

第四章 “互联网+”时代高校创新创业教育课程体系的构建

随着经济的发展和社会的不断进步，人们的综合素质得到极大的提升，开展创新创业教育应逐步纳入高校课程体系之中，创新创业教育的目标应根据市场的需要而确定。首先要确立创新创业教育的基本原则，建立创业教育课程的完整体系，同时中国也要选择创新创业教育课程的内容，完善教学方法的选择机制。目前，中国创业教育向内涵式发展，通过课堂教育和实践教育为手段来表现，创新创业教育就是要培养具备创业技能、创新精神的复合型人才。高等院校开设的创新创业课程应当具备完善的教学体系，不能简单等同于培训机构所开设的技能培训课程。高等院校开设的创新创业教育课程除了传授技能，更应注重培养学生的创业意识和创新精神。

第一节 高校创新创业教育课程的目标

高等院校开设创新创业教育的目标应包括以下两个方面。

第一个方面是强化创业意识，提高创业技能，丰富自己的创业知识。创业基本素质对大学生的心理素质、业务能力、创业精神等都有很高的要求。通过创新创业教育，培养学生的创业能力和创业意识，让学生清楚地认识到中国的就业形势非常严峻，在就业压力巨大的现实情况下，开展创业素质教育，是顺应形势发展的需要。熟悉中国面临的就业新情况，把握发展机遇，动员更多的大学生投身于创业事业之中，为社会创造更多的财富。培养学生大胆创新的精神，能在创新创业教育中找到创业的商机。总之，通过创新创业教育，有利于培养学生的创业意识和创业精神，有利于建立良好的创业氛围，使学生真正从创业中找到乐趣，有利于学生创业观念的转变，使学生真正将创业作为自己的一项事业。中国的大学生应该抓住改革所创造的机遇和有利条件，树立自己的创业目标，了解中国面临的发展机遇，投身于创业。总之，通过创新创业教育，形成一个强大的创业氛围，使学生真正感受到创业的必要性和紧迫性，转变就业观念，树立创新意识，抓住改革所创造的机遇，积极创业。

第二个方面是对少数具有创新潜能的学生进行专门培养，使他们具有吃苦耐劳的精神，培养他们的创业勇气，使其人格品质、业务能力和创业技能得到提升和完善。对这部分群体进行创新创业教育，主要是对他们进行决策能力、规划能力、应变能力、抽象思维能力、管理创新能力的培养，注重锻炼他们创业中所必需的沟通技能、团队合作精神，使他们能够真正在创业中拥有融资、领导和企业家的精神，能够合理解决企业在资金运转过程中所遇到的困难，从容应对突发事件，取得团队成员的信任。创新创业教育目标的实现不是一朝一夕的事情，而是一个相对复杂的过程，这个过程必须通过实践来完成，在完成的过程中发现问题、分析问题、解决问题，最终促进创业目标的实现。

一、高校创新创业教育的共性目标

创业基本素质的培养是中国所有学校创新创业教育的共性目标。创业基本素质包含两个层面的含义：一是指先天因素，即通常所说的创业天赋，这是先天的遗传素质，也是创业的基础；二是身处社会环境中，通过后天的引导和影响而形成的创业相关素质。以上两个层面的创业基本素质在创业过程中都会表现出相对稳定的特征。为更清楚地认识中国高校创新创业教育的共性目标，本书从创业意识、创业知识、创业能力、创业品质 4 个方面进行阐述。

（一）创业意识

创业意识在整个创业过程中扮演了十分重要的角色，是创业者在创业过程中所有社会属性的集中体现。可以将其定义为创业者进行创业活动的一种心理素质，主要在创业活动前期起作用，其中包括的具体内容有创业的基本动机、创业机遇的把握、创业行业的准确分析及成为企业家或管理者的潜在素质，如价值观或创业信息等。

（二）创业知识

创业知识是一个总称，是指创业者在创业活动中所必备的各种知识和能力的总称，如企业管理知识、营销策划活动、金融的相关知识及相关法律法规的知识等。创业知识在创业活动中的重要作用是不可替代的，只有掌握了足够的创业知识后才能扩宽创业者的创业思维，从而影响创业方式，因此创业知识是决定创业成败的关键因素。

（三）创业能力

创业能力与创业意识是两个不同层面的内容，创业能力着重强调后天因素，是指创业者通过学习和实践活动所掌握的影响创业活动效率的各种因素的总和，只有具备相应的创业能力，创业者的创业活动才能成功地开展。创业者的决策能力、团队合作能力、领导和人际交往能力及对市场商机的把握能力都属于创业能力。

（四）创业品质

创业品质是指创业者个人道德品质在创业活动中的具体体现。良好的创业品质是创业活动得以长久开展的重要保证，它能够很好地引导创业活动在国家的法律法规允许的范围内进行。创业品质同时也是社会公认度高和社会责任感强的创业企业应具备的必要条件。通常，创业品质主要包括创业者思维和行为模式、创业者的社会道德认识、创业者的社会责任感及创业者自我情绪的控制能力、面对挫折和失败时应有的心态调节能力。

二、高校创新创业教育的个性目标

创新创业教育的共同性目标是开展创业活动的基本条件，与此同时，要想真正实现和开展创业活动，进行创新创业教育是十分必要的，尤其重要的是进行开创性教育。在高校开展开创性教育，必须建立高校创新创业教育的个性目标。创新创业教育本身就是一种创造性教育，这些在创新创业教育的个性目标中得以实现。简单地讲，高校创新创业教育的个性目标旨在通过培养创业者的创业技能和知识，依靠良好的社会环境合理地创造出一种新的创业格局。开创性教育主要包括以下几个方面的内容。

（一）要有敏锐的洞察力和决策力

优秀的创业者应该具有一定的创业前瞻性眼光，能够对市场变化做出准确的预测，以便更好地抓住市场商机，在市场竞争中掌握主动地位。在面临创业决策时，创业者应该做到自主决策、善于决策，通过自己的创业意识，根据自己的创业能力做出合理的决策。

（二）要有冒险精神和竞争意识

面对创业有冒险性特点，创业者必须通过自己对市场信息的掌握，面对市场中出现的新机遇能理性分析，敢于尝试，敢于冒险，并做好失败的准备。创业者一定要清楚地认识到市场竞争无处不在，在激烈的市场竞争中，不能退缩，而是应该在做好充分准备的前提下，表现出不畏对手的强烈竞争意识。

（三）要有坚强意志和创新能力

创业者在面对困难时，尤其是创业前期和创业瓶颈时期，应该拿出不屈不挠的精神，充分利用自身的优势和各种资源解决问题。创业者开展的是创造性的活动，这一特质就要求创业者能打破常规，创造性地开展活动。

（四）要适应市场的变化．加强沟通

市场环境是复杂多变的，这是创业者必须面对的现实问题，无论是地理位置、政策制度，还是虚拟环境的变化，都要具有一定适应新环境的能力。优秀的创业者同时也是一名优秀的领导者，要善于把握全局，尤其在面临复杂多变的创业环境时，创业者必须发挥自己应对问题的特长，在听取别人意见的同时，做出明智的决断。还要擅长交流沟通，创业活动不可能是一个人的活动，不可避免地要与他人交流沟通，这就要求创业者要平易近人、要与人为善，才能在市场经济大背景下与人和睦相处，创业才能取得成功。

第二节　高校创新创业教育课程体系建设策略

创新创业教育是一项实践性很强的教育，高校的创业教育也离不开课堂，同时创业教育与普通的教育又有较大的区别，如何设置高校创业教育的课程也成了不少专家学者探讨的话题。目前，对高校创业教育课程体系的设置有 3 种思路：第一是按照授课内容的不同分为实践性课程和理论性课程；第二是按照课程表现形式不同分为隐性课程和显性课程；第三是按照授课形式不同划分为学科课程、环境课程、活动课程和创业课程。本书依据高校创新创业教育的共性目标和个性目标，将高校创新创业教育课程做如下体系设置。

一、创新创业教育的基础学科课程设置

创新创业教育基础学科课程是为了奠定创业者开展创业活动基础而设置的，旨在为创业者构建创业基本理论体系，使其认识创业是什么，创业所需要准备的知识和技能储备有哪些，可以从创业教育基本理论、创业知识基础和创业辅导课程 3 个方面设置。

（一）创新创业教育基本理论课程设置

创新创业教育基本理论课程设置的目的是使创业学生认识到创业是什么，介绍最基本的创业理论。具体的课程包含“创业学概论”“创业基础理论”“创业辅导”等。

（1）“创业学概论”是创业教育的基础，主要目的在于让准备创业的学生认识创业是什么，并让创业学生了解创业活动需要的准备工作，创业活动的步骤及创业活动中所要运用的知识有哪些，“创业学概论”是一门创业教育的入门课程。

（2）“创业基础理论”是在“创业学概论”的基础上进一步介绍创业相关知

识的课程，通过“创业基础理论”的课程让创业者认识其应具备的创业素质和基本能力有哪些，介绍国内外成功创业者的基本案例，以期达到激发创业者的热情，并从中了解创业企业的成长和发展历程。

(3)“创业辅导”是指在介绍创业基本知识的基础上，进一步阐述创业活动的现实意义，以及创业活动的未来发展，并适当讲解创业活动中的行为、思维方式。在创业活动过程中了解市场，充分利用各种资源和合理处理各种人际关系与发展问题。

（二）创新创业教育专业理论课程设置

创新创业教育专业理论课程设置旨在详细为创业学生讲解创业过程中所需要各科知识，主要包含“创业法律基础”“创业案例研究”“管理学”“市场营销学”。

(1)“创业法律基础”是开展创业教育的最基础课程，其目的是为创业学生介绍中国的法律环境，主要是与创业过程有关的法律法规都应纳入本门课程中，具体可包含《公司法》《行政法》《知识产权保护法》《劳动法》《环境保护法》《合同法》等。通过该课程的学习，让创业学生能够知法、懂法、守法，在法律范围内开展创业活动，应做到自己不犯法，也懂得用法律武装自己。

(2)“创业案例研究”是让创业者了解真实案例，并通过成功和失败的创业案例分析原因，找到成功或失败的关键环节，为自己在创业实践活动中吸取宝贵的经验，并能够从失败案例中吸取教训，避免重蹈覆辙。

(3)“管理学”是企业管理的基础性课程，创业者必须了解管理学，通过该课程的学习使创业者在创业活动中学会计划、组织、管理、决策等管理中常规性的过程和步骤，学会对市场做出正确的评价和选择，提高把握市场机遇的能力，最终达到以最小的成本投入获得最大利润这一目标。

(4)“市场营销学”是一门介绍市场基本规律和特点的课程，通过该课程的学习，让创业学生对市场这一概念有深入的认识，为其在创业活动中把握市场机遇奠定基础。该课程主要介绍市场环境，消费者市场行为及如何进行市场分析，选择合理的营销策略，对市场营销活动的基本程序和方式方法有详细的了解和认识，使创业学生在创业活动中正确运用市场营销手段，获得市场份额。

（三）创新创业教育辅助课程设置

创新创业教育辅助课程是为进一步提升创业学生的创业活动质量而设立的，创业教育辅助课程体系是一类由多学科构成的课程体系，应根据不同创业学生特点来设立，应充分考虑创业学生的学科背景、知识基础、兴趣爱好等特征来开设，应尽可能地满足不同的需求。创业教育辅助课程体系还应将重点放在激发有创业意愿学生的创业兴趣、培养企业家精神、注重创造性思维的培养、开阔学生视野等方面。同时，在改变创业教育辅助课程体系时，可以结合学校的师资力量，充分合理运用现有的师资资源。考虑到中国创业教育专业教师师资严重不足的现状，可以在学校现有师资基础上经过适当的培训来培养创业教育专业教师。例如，外语教师可充分利用他们的语言优势，给学生传授国外先进的创业教育理论及优秀的成功案例，管理学教师则可以为学生们讲解企业家精神、各地管理基本理论等相关知识。创业教育辅助课程体系在全校内以选修课的形式开展，创业学生可以根据自己的爱好选择不同的课程来学习，以期达到提高创业教育质量的目的。

二、创新创业教育的活动课程设置

创新创业教育本身是一门实践性很强的课程，因此，创新创业教育课程改革中活动课程的设置尤为重要，创新创业教育的活动过程旨在让创业学生通过具体实践，了解创业活动的整体流程，并在具体创业活动中找到自己感兴趣的方向，能够将自己所掌握的知识、信息、技能和资源具体运用到一项实实在在的创业活动中去，真正实现创业的意愿，在此过程中能够了解和掌握创业活动的基本细节，为真正开展创业活动奠定坚实基础。创新创业教育的活动课程可以从以下 4 个方面来衡量。

（一）创新创业教育集体活动课程

创新创业教育集体活动课程具有广泛性的特征，该活动课程应根据学校的总体创业教育目标，面向全校创业学生而设置，旨在达到全面认识创业活动，了解企业真正运作流程的目的。其开展形式可采用报告或讲座形式，由学校出面，在规定的时间段邀请创业教育专家或成功创业者与创业学生开展面对面的交流，使创业学生能够从他们的亲身创业经历中获取所需，起到培养创业学生创业精神和提高创业素质的作用。

（二）创新创业教育专题活动课程

创新创业教育专题活动课程是在创业教育集体活动课程的基础上，专门针对创业活动中某个环节而开展的创业教育实践活动。创新创业教育专题活动课程所选择的专题环节一般是创业活动中重要的环节，如营销环节、决策环节。当然，也可根据创业学生的要求，就某一个他们感兴趣的环节或是他们认为困难的环节而展开主题活动。创新创业教育专题活动通常采用商业计划竞赛的形式组织开展活动，而且还能培养和锻炼创业学生的团队合作意识、竞争意识等。常见的创新创业教育专题课程有模拟营销大赛，参观企业了解企业文化和企业运作流程等。

（三）创新创业教育项目活动课程

创新创业教育项目活动课程是按照高等学校开展创业教育的目标，在创业教师的引导下，创业学生在明确自己创业活动的主题下，自行设计创业活动项目，并且在学校的支持下，亲自实践自己的创业活动，最终完成整个创业活动，然后再对自己的创业活动全过程进行自我批评、自我总结，以期来丰富创业学生的创业经验。通过对创业教育项目的实施，强化创业学生在创业过程中的独立判断能力、自我管理能力，培养创业学生企业家的基本素养，使学生在项目活动过程中得到锻炼。

（四）创新创业教育项目潜在课程

创新创业教育项目潜在课程强调的是在高等学校里营造一种创业活动氛围，通过这样的创业活动氛围来潜移默化影响创业学生，以达到培养学生的基本创业品质，提高学校创业教育发展水平和质量为目的。创新创业教育项目潜在课程手段可通过学校已有的条件，如开展企业家校友事迹展，邀请知名企业家定期开展交流会等，激励学生开展创业活动，培养学生的创业精神。

三、创新创业教育的实践课程设置

创新创业教育实践课程有利于提高大学生对企业知识的运用，培养大学生的创业技能，有利于开拓大学生的视角，发挥大学生个人技能。创新创业教育实践课程主要分为模拟创业实验和创业实践两种形式。

（一）模拟创业实验

模拟创业实验过程是一种创新仿真实验，学生可以模拟体现创业者经历的各个阶段，体验从创业决案、创业项目选择、团队组建、如何管理企业到产品如何推广的整个创业历程。模拟创业实验还可以通过案例分析形式进行，使学生身临具体案件之中，将自己想象成创业者，并且分析自己在解决创业过程中出现的问题与各种做法。模拟创业实验要开设“沟通技巧与训练”“商业营销模式”“商务案件分析”“商业计划与培训体验”等课程。

（二）创业实践

创业实践是为了将创业理论与实践结合。大学生创业实践可以通过两种方式进行：一方面可以利用校内的专业实习平台，让学生进入学校的后勤、投资等部门进行体验，使其能够积累丰富的与人交往的社会经验；另一方面可以开展校企合作方式，通过与企业的沟通和洽谈，让更多的学生进入企业内部实习，能够了解企业的经营与发展模式，积累处理各种问题的经验，为其创业打下坚实的经验基础。

第三节 高校创新创业教育的学科化发展取向

当前，高校创新创业教育深化改革呈现出向纵深发展的良好态势。但是，进一步深化改革既存在“中梗阻”，也存在“最后一公里”的问题：“一些地方和高校还只是停留在会议、文件和口头上，没有真正落实到教学观念、培养模式等教育教学的关键环节中，尚未落实到教师学生的教学和实践上。”如何切实增强高校创新创业教育发展的内生动力，防止出现名义上“加强”，实际上“虚化”乃至“落空”的现实问题？根本途径是切实加强创新创业教育学科建设，厚植创新创业教育在高校的学科基础。正如纽曼所言：“大学要么指学生而言，要么指学科而言。”高校内部的学术发展细分为不同学科，学科建设是大学建设的基本单位，任何一门学问都要找到自己的学科依托。由于当前中国高校创新创业教育还不是一个独立学科，正在为建设一个成熟的学科体系积累前期条件，本书选择使用了“学科化”的提法。所谓“学科化”，就是一个走向“科学化”的过程。“学科化”更加关注过程而不是结果，针对研究过程中存在的研究方法和研究程序不规范或规范性不够的问题，更加关注建立研究的相对独立规则，引导研究走向规范化；针对研究过程中产生的业余性、感悟性和议论性成果，更加关注专业精神和专业态度的培养，推动研究走向专业化；针对研究过程中普遍存在的宏大叙事和主观臆测，更加注重获得相对精确的知识和建构相对系统的理论，确保研究的科学化。当前形势下，学科化是明确一线工作者和专业教师学科“归属感”，促进“学术职业”发展的有效载体；是明确创新创业教育目标定位，有效克服功利主义价值倾向的重要途径；是推动创新创业教育与实践走向规范化、专业化和科学化，“使创新创业成为管理者办学、教师教学、学生求学的理性认知与行动自觉”，进而实现持续发展的内生动力。

一、中国高校创新创业教育的学科化特性

全面准确把握高校创新创业教育的学科化特性是加强学科建设的基本前提和科学基础。高校创新创业教育学科建设要在纵向上贯通大中小学，在整体上实现有效衔接；要在横向上联结政府、企业和社会，建设开放的协同育人机制；要主动顺应大众创业、万众创新的时代潮流，以人才驱动实现创新驱动，培养造就适应时代需要的创新创业人才。这就使得整体性、开放性和时代性成为当前中国高校创新创业教育学科化的基本特性。

（一）创新创业教育学科化的整体性

实现创新创业教育学科化是一项系统工程，需要综合考虑构成影响和制约的各种社会、心理因素，统筹把握创新创业教育与政府政策、经济发展、社会进步、科技创新及文化嬗变等外部诸要素的复杂关系。理顺这些关系需要兼收并蓄相关学科的原理和知识，实现不同学科概念、方法和技术手段融会贯通，逐步建构高校创新创业教育的原理体系、知识体系、方法论体系、比较研究体系，这就需要高度重视创新创业教育的整体性特征。创新创业教育绝对不是市场营销、金融财务、运作管理、人力资源、质量控制方法等管理课程简单相加的结果，它需要“围绕着一个企业的生命周期”将这些知识构建为一个体系，以“基于创业过程模型的全新方法”将独立分散的职能性课程加以整合，从而“有助于读者对通常来说混乱和不可预测的创业过程形成全面而深刻的理解”。这就是为什么很多大学的商学院或管理学院虽然有着雄厚的学术基础，但在开展创新创业教育时却无法收到应有效果的原因所在。正如有学者所指出的：“到目前为止，管理学院面向本科生、研究生开设的管理课程仍然以职能性课程为主，对创新与整合性课程重视不够，与时代发展的要求不一致。”也正是基于这一高度注重整体性的指导思想，杰弗里·蒂蒙斯发明了基于“商机驱动”“团队驱动”“资源驱动”3个核心要素匹配和平衡的“蒂蒙斯模型”，这一创业过程模型解决的中心问题就是通盘整体的平衡。注重整体性成为蒂蒙斯创业教育理论和实践课程体系的突出特点，这种从整体上建构创新创业教育体系的发展趋势也是近年来高校创新创业教育研究与实践的重要发展趋势。

（二）创新创业教育学科化的开放性

创新创业教育的主要任务在高校内部完成，但教育的平台和资源却要依靠政府、社会、企业共同提供。如何协调和汇聚资源使其形成合力共同为学生的全面发展服务，是创新创业教育必须解决的关键问题。所以，创新创业教育成为联系各方关系的桥梁和纽带，以此为中心，大学与政府、企业、社会其他部门及个人建立起密切而广泛的联系，形成一个全社会支援大学生创新创业的网络。创新创业教育具有的开放性特征对于学科发展取向、教师素质要求和教学方法改革都提出了新的更高的要求。

首先，创新创业教育的学科发展取向不能指向纯粹的高深的理论探究，也不能停留于对未来美好教育理想的描述，而要“直通”现实的培养开创性个人的“教育工程”，对于创新创业教育不能“只会说应该是什么，不知道究竟应该做什么、怎么做”。这就是创新创业教育面向国家需求的开放性，既要对新的教育取向进行“指向”，又要在从教育取向到教育工程的技术转换过程中进行“示范”，实现理论和实践的统筹兼顾，设计与实施的紧密结合。其次，需要从事创新创业教育的教师成为一个优秀的社会活动家，既要脚踏实地，从高校所在的社区、所在城市做起，获得支持、汇聚资源；也要以国际的视野和胸襟，立足中国、面向世界，熟练运用“请进来、走出去、全面掌控前沿信息”的方法，面向全球确立发展策略，搭建大平台，汇聚大资源，为学生的长远发展奠基。再次，开放性的学科化特征要求创新创业教育的主要任务不是解释“是什么”“为什么”，而是着重解释“做什么”“如何做”，这种全新的教学任务需要重新思考“教什么”和“如何教”的问题。创新创业教育不能只局限于传统的“粉笔加讲授”的教育形式，要充分考虑到创业教育领域“缄默知识”大量存在的事实，要求创新创业教育回归到它的来源，也就是人类创新创业实践活动，汲取力量，而不是归隐于纯粹空想思辨、形而上的玄学抽象；学习和研究创新创业教育也必须面向丰富多彩的创新创业实践，使之在“改造世界”的过程中接受检验，并随着实践的发展而发展。

（三）创新创业教育学科化的时代性

高校创新创业教育理论研究和实践活动的深入开展与所处时代的主体特征有着密切关联。曾任芝加哥大学校长的赫钦斯在1953年大胆预测：“如果我们得以幸存，我们将活在衣食无虞却工作短缺的世界，机器将代替我们工作。”这一伟大的预言就是当今时代的真实写照，“衣食无虞却工作短缺”成为世界各国政府最为头疼的社会问题。这既是当今时代各国政府高度重视创新创业教育的根本原因，因为传统产业创造的工作岗位已经被“机器”侵蚀掉了，为了工作，当代人只能自己创造工作岗位；也是提出“就业友好型”增长的主要原因，因为国家投资建设资本密集、技术密集的大企业，难以提供大量的就业岗位，出现所谓的“奥肯悖论”，即经济增长与就业增长不平衡，经济增长并不必然带来就业岗位的增加。强调“就业友好型”增长，就是要在保增长的过程中特别注意就业岗位的开发，对就业吸纳能力强的中小企业加大支持和扶持力度。这就使得当今中国高校的创新创业教育理论研究和实践活动表现出明显的时代性特征，对当前中国大学生就业难的现实关切，要求中国高校创新创业教育走一条具有中国特色的发展道路。

当然，“工作短缺”并非当今时代的唯一特征，以知识经济为主导的世界经济形态更加突显了创新创业精神的重要性。知识经济时代以经济知识化和社会信息化为主要特征，“大学必须改变传统的只传授现成知识的教育模式，而要树立创造性的教育思想，尤其像清华这样的重点大学，培养学生的创新精神应该是最重要的”。知识经济时代的大学已经从社会的边缘转移到中心，直接成为催生新兴产业和推动经济发展的主导力量。大学培养的创新创业型人才成为知识经济时代社会发展的重要推动力量，他们不再是工作岗位的搜寻者，而是工作机会的创造者。正是他们创造的新兴产业为以高校毕业生为主体的青年就业群体创造了实现人生价值的平台。正是基于这一鲜明的时代特征，党和国家领导人高度重视青年创新创业："青年学生富有想象力和创造力，是创新创业的有生力量。""青年愿创业，社会才生机盎然；青年争创新，国家就朝气蓬勃。"当今时代，创新成为社会进步的灵魂和引领发展的第一动力，创业成为推动经济社会发展、改善民生的重要途径。创新创业成为驱动经济发展的动力引擎，必须通过创新创业教育加快培养规模宏大、富有创新精神、勇于投身实践的创新创业人才队伍。

二、中国高校创新创业教育的学科化道路

中国高校创新创业教育走过了一条政府驱动的快速发展之道，政策导向经历了从"以创带就"到"大众创业、万众创新"的拓展，创新创业成为驱动经济社会发展的动力引擎。这就需要深刻认识到创新创业教育不是添加在高校身上的临时任务，不是应对当前经济下行压力加大的紧急措施，也不是解决高校毕业生就业难的权宜之计，而是找准高等教育改革发展定位，全面提高人才培养质量，努力造就"大众创业、万众创新"生力军的战略选择。中国高校创新创业教育学科建设需要结合中国国情，走一条"专业式"与"广谱式"双轨并进、"问题导向"与"学科导向"统筹兼顾、"政府驱动"与"高校需求"上下互动的特殊道路。

（一）"专业式"与"广谱式"双轨并进

"专业式"创新创业教育形成于美国。1947 年 2 月，哈佛大学商学院的迈尔斯·梅斯（Myles Mace）教授为 MBA 学生开设了"创业企业管理"（Management of New Enterprises）课程。这一历史性事件奠定了美国高校创业教育的 3 个传统：一是商学院（管理学院）成为高校创业教育的主体；二是创业教育与 MBA 学生培养紧密相连；三是创业教育的目标指向"新创企业管理"。"专业式"创新创业教育传统在哈佛商学院得到了传承和坚守，直到现在，它的教育对象仍然仅针对 MBA（工商管理硕士）。"专业式"创新创业教育积累了教师、教材、案例、基础理论等"原始资本"，使得创新创业教育在商学院内部完成了"自生长"和"自成熟"的专业发展历程。与"专业式"相对应的是 20 世纪 90 年代发展起来的"广谱式"。"广谱式"创新创业教育课程针对全校学生，采取以提升全校学生创业素养和创业能力为本位的发展路径，近年来，"广谱式"创新创业教育发展势头强劲，高校创新创业教育普遍向着"广谱式"模式发展，在商学院以外的地方教授创业开始变得流行，"科学研究者学习商业知识，商人学习科学知识"变得越来越普遍。当前高校创新创业教育学科化要努力创造"专业式"与

“广谱式”创新创业教育“双轨并行”的条件，切实实现二者的“相互助力”。“广谱式”创新创业教育的突出优势是理念先进，既考虑大多数，也不忽略极少数，实现了“全覆盖”“分层次”“差异化”的统筹兼顾；“专业式”创新创业教育的突出优势是目标明确，在培养学生实际创业能力方面基础雄厚。高校创新创业教育的学科化就是要以“广谱式”创新创业教育的先进理念为指导，以“专业式”创新创业教育的专业实力为依托，确保二者“相互助力”：既要充分发挥“专业式”创新创业教育在提升学生创业实战技能等方面积累的优长；也要积极推动创业教育项目向商学院之外的工程、艺术、科技等专业广泛拓展，全面融入学科专业教育之中。既面向全体学生开展“广谱式”教育，广泛地“种下创新创业的种子”，为高校毕业生设定“创业遗传代码”，普遍培养和提高所有专业大学生创新意识、创新思维和创新能力；又面向少数有创业意向的学生开设创业实验班，为这些学生在大学期间或是毕业之后创业提供切实的教育咨询援助。通过整合构建“专业式”与“广谱式”创新创业教育“双轨并行”的运行机制，以此来促进教育质量的整体提升和学科建设的共同进步。

（二）“问题导向”与“学科导向”统筹兼顾

中国高校创新创业教育研究与实践始于“问题导向”。2007 年，党的十七大报告明确提出了“实施扩大就业的发展战略，促进以创业带动就业”的战略方针，指出“完善支持自主创业、自谋职业政策，加强就业观念教育，使更多劳动者成为创业者”。在“以创带就”政策导向下，高校创新创业教育研究与实践立足于解决就业难这一最大的民生问题展开，围绕社会和谐与政治稳定，将“自主创业”作为灵活就业的两个方式（另一个为“自由职业”）之一，千方百计解决大学生就业问题。在此过程中，高校创新创业教育研究与实践的重要目标就是缓解就业压力，创新创业教育研究采取典型的“问题导向”研究模式，尤其注重应用性和对策性研究。对于这种研究导向，不能因为它没有给予学科建设以足够的重视就简单地加以否定，而是要协调处理“问题导向”与“学科导向”的辩证关系，实现二者的统筹兼顾。

一方面，“解决现实问题”和“进行学科建设”是一件事，二者可以内在地统一于整体的学科化进程之中。从事创新创业教育的专家如果不去积极关注大学生就业问题，只是将创新创业教育纳入学院知识生产的流水线，以僵化的学科分界画地为牢而将很多重要的现实问题排除在研究的范围和视界之外，那么，这种研究存在的理论和实践基础又在哪里呢？另一方面，热点问题研究固然重要，但学科建设不好，长此以往，热点问题研究缺乏坚实的学科支撑，也只能浮于问题表面。为此，高校创新创业教育既需要“仰望星空”，围绕大学生就业难等重点难点问题进行深入研究，也需要“脚踏实地”，对于事涉长远大计的学科建设问题进行整体规划和设计，为创新创业教育确立坚定正确的价值取向，为科学体系和模式的构建夯实基础。这就是“问题导向”和“学科导向”的辩证关系，以问题为导向看似忽略了学科体系的构建问题，而实际上解决问题的过程也就是学科化的过程。反之，如果简单地以学科为导向，在条件尚不成熟的情况下就展开“划界运动”，只能使学科走入死胡同。

（三）“政府驱动”与“高校需求”上下互动

当前，国家高度重视“大众创业、万众创新”，明确指出：大众创业、万众创新既可以扩大就业、增加居民收入，又有利于促进社会纵向流动和公平正义。个人和企业要勇于创新创业，全社会要厚植创新创业文化，让人们在创造财富的过程中，更好地实现精神追求和自身价值。2015 年 5 月，国务院颁行《关于深化高等学校创新创业教育改革的实施意见》，站在国家实施创新驱动发展战略、促进经济提质增效升级，推进高等教育综合改革、促进高校毕业生更高质量创业就业的高度，明确了深化高等学校创新创业教育改革的指导思想、基本原则、总体目标，提出了 9 项改革任务、30 条具体举措。由国务院发布文件推进深化改革，标志中国高校创新创业教育已经由“以创带就”拓展为以“大众创业、万众创新”驱动经济社会发展的新阶段，高校创新创业教育的实质拓展为以创新为基础的创业，支持创新者去创业，使创新创业成为驱动经济社会发展的引擎。“政府驱动”使得高校创新创业教育学科发展在资源汇聚、平台搭建和成果产出方面都有政策和资金保障，使创新创业教育研究可以在短时间内兴旺起来。基于这一现状，创新创业教育研究必须遵循政府设置的导向，才能使自身的理论体系更趋完善。但是，仅有这些还不够，创新创业教育需要在政府的推动下以高校为主体来具体落实，将“政府驱动”与“高校需求”紧密结合，实现上下互动。当务之急是以高校为主体建设创新创业教育的生态系统，这个生态系统的指导思想是“高校主体、企业参与、社会支持”。“高校主体”重在加强三方协同，以高校为主体建立大学生创业平台，一方面是协同各方，汇聚资源为大学生创新创业所用；另一方面是积极推动知识资本化和技术市场化，成为联结政府和企业的桥梁和纽带，“真正发挥出高校作为创业型人才培养实施者、智力型资本激发引导者、新创型企业资源融合者的主体作用”。“企业参与”重在提供服务，在系统中起到支撑辅助作用，需通过完善民间融资体系，建立非营利性第三方组织等方式，尽可能地提供包括资金、技术、评估和认证等方面的专业化服务。“社会支持”重在厚植创新创业文化，营造崇尚创新、宽容失败、鼓励个性的社会氛围，使创新创业成为新的价值追求和社会取向。

三、中国高校创新创业教育的学科化发展方向

科学把握中国高校创新创业教育学科化发展取向，必须把握主流和主线、分

清主流和支流，主线和分线的区别。在学科化进程中，必须抓住主要矛盾和主要问题，为创造更好的发展趋势创造条件，为此就要在建构共同的教育哲学基础、明确学科边界和主体领域、加强平台建设和人才培养 3 个方面集中力量，实现突破。

（一）建构共同的教育哲学基础

教育哲学最为根本的问题就是本质论、目的论和价值论，作为创新创业教育，基本的教育哲学问题也是这“三论”。当前，创新创业教育哲学存在的主要问题是与教育哲学高度重合。将“培养人”这一教育的本质作为创新创业教育的本质，将“培养社会主义合格建设者和接班人”这一教育的目的作为创新创业教育的目的，将“人的自由而全面的发展”这一教育的价值作为创新创业教育的价值，这在根本方向上是正确的。但是，这种高度重合就会引发深入思考：创新创业教育的特质在哪里？它的不可替代性在哪里？不能在这些问题上形成深刻认识，创新创业教育就失去了存在的前提和基础，终将淹没在一般教育的汪洋大海之中。这就要求必须结合高校创新创业教育独有的理论特质，在宏观教育规律的指导下深入思考专属于高校创新创业教育的本质、目的、价值，以此作为高校创新创业教育学科化的出发点和落脚点。首先，创新创业教育具有“主动性”的本质。认为“主动性”是创新创业的突出特质，就是要把创业作为一种生活方式和人生态度，转化为学生的主体行为。主动性就是要充分发挥人的创造性的潜力和本能，培养“创业自觉”。其次，创新创业教育具有“超越性”的教育目的。“超越性”包括对传统的超越和对自我的超越两个方面，超越性的创新创业教育就是要“培养具有开创性的个人”。再次，创新创业教育具有“转化性”的终极价值。认为从教育过程来看，创新创业教育是一个艰难的转化过程，从接受创新创业知识到形成创业智慧，从新发明、新发现、新创造到知识资本化，从具有创业意向到采取创业行动，需要付出艰辛的努力，包括“转识成智”（知识转化为智慧）、“转知成资”（知识转化为资本）和“转意成行”（意向转化为行为）3 个方面。

共同的教育哲学基础是确保高校创新创业教育科学设计、顺利实施的根基，在“三论”的统合下，协调多学科研究在共同的概念和术语方面取得多方共识，消除各学科原理和方法的矛盾和冲突，努力达到整体和谐。只有创新创业教育在本质论、目的论和价值论方面实现了高度认同，才能为以不同学科知识为基础、从问题的不同方面展开的多样化探讨奠定坚实基础，才会走出“‘自己出题目，自己封闭做研究，自己欣赏自己成果’的自娱自乐的窘迫处境”。在此基础上，把创新创业教育置于国家发展战略与现代化建设发展体系中，提升到高等教育办学理念和教育体制改革的高度，立足于学生能力素质的培养和提高来切实加强创新创业教育课程设置、教材建设、教师培训及评价体系等具体问题研究，形成血肉丰满的创新创业教育学科群。

（二）明确学科边界和主体领域

当前，每年发表的创新创业教育研究文章已近3000篇（CNKI），在数量上蔚为可观，但是整体质量仍有提升空间。很多文章是大同小异，可以说，研究方法基本雷同，研究角度基本相似，大致上是“意义—内容—途径”三段式。正像有学者所言：基本上是一种思辨性的研究，流于肤浅的现象描述，研究成果主要是一种研究者想象力和生活阅历的呈现．大部分成果不仅文章结构窠臼化（原因、特点、对策）、论述枯燥化（家庭、学校、社会），而且结论也大都是“正确的废话”（加强、提高、重视），这种发展现状严重阻碍了创新创业教育的学科化进程。作为一个研究方向，必须有属于自身的学科边界和主体领域，围绕这些主体领域有一批学者在长期深入地研究。漫无边际的研究领域，就会使得这个研究方向缺乏总体上的学术认同感，缺乏严格意义上的专业积累和进步。

为了明确学科边界和主体领域，当前，急需做好4个方面的基础工作。一是创新创业教育的基础文献研究。作为一门新兴学科，创新创业教育研究尚无重要文献汇编和导读，这使得广大研究者缺乏必要的共同学术积累和共通话语体系，既降低了学术群体的整体学术认同感及同行感，也在一定程度上影响了学生培养质量。二是中国不同类型高校开展创新创业教育的成功案例。由于创新创业教育发端于美国，所以国内学术界对于创新创业教育研究多是介绍美国的成功经验，这种研究当然必要，但如果缺少对于国内高校创新创业教育实践的关注，这种比较研究也就缺少了本土基础。所以，需要关注国内高校对创新创业教育的实践创新，特别是这些高校在全校范围内推进创新创业教育的体制、机制和队伍建设的实践创新；以创新创业教育理念指导高校教育教学改革，提高教育质量的实践创新；以创新创业教育为核心和纽带，协调政府、企业和社会资源，促进高校走开放之路的实践创新。三是世界各国高校创新创业教育的比较研究。学术界对美国、英国和日本创新创业教育已有深入研究，对印度、俄罗斯等国则缺乏应有的关注，对欧盟成员国如芬兰、瑞典、丹麦、法国、德国，在创新创业教育方面的积极实践缺乏持续追踪。四是创新创业教育与不同学科专业相结合形成的全新教育模式。在很多高校，目前依然只有专业教育这支“正规军”单兵推进，而创新创业教育则像“游击队”，打一枪换一个地方。尽管有教师尝试将创新创业教育融入日常教学，但因没有成建制的课程规划，专业教育和创新创业教育成了“两张皮”。这就迫切需要探索将“两张皮”如何拧成“一股绳”，并实现水乳交融的教育模式，重点加强这方面的案例积累和经验总结推广，为创新创业教育与不同专业相结合提供范例，为在更大范围内推广创新创业教育起到应有的示范作用。

（三）加强平台建设和人才培养

平台和人才对于学科建设至关重要．二者相互依存、相互提升。有了平台，可以招揽人才；有了人才，可以创建平台；人才和平台结合，就会汇聚资源、产出成果、壮大平台。平台建设成为现阶段高校创新创业教育获得全面发展与进步的基本保障。一是采取“专业模式”，所有日常管理、师资培养、经费筹措、课程设置等资源都由商学院或管理学院调配，教学对象和教学活动集中在商学院或管理学院，目标是培养专业化的创新创业人才、创新创业教育师资和研究者。二是采取“广谱模式”，成立全校性的创新创业教育中心（学院），整合校内校外各方面资源，加强顶层设计，面向全校学生开设创新创业教育课程，全方位推进创新创业教育。三是整体设计创新创业教育学科建设方案，分三步解决创新创业教育学科归属问题：第一步将创新创业教育发展成高等教育学、教育经济与管理学或比较教育学二级学科下的研究方向；第二步应该加强创新创业教育的相关研究，融合就业教育、职业生涯规划教育内容，开辟出原理、史论、方法、比较等主流研究方向；第三步将创新创业教育相关研究方向进行整合，并正式在教育学一级学科下设创业教育学，或在管理学门类下建立创业学一级学科，下设创新创业教育学二级学科，最终建成创新创业教育学科。在人才培养方面，首当其冲的是教师培养。当前从事创新创业教育的教师有的来自商学院或管理学院，由于在学院内部创新创业教育并不是“主业”，处在边缘状态；有的来自就业中心、校团委等学生工作部门，由于不是“科班出身”，有些底气不足；有的来自各个专业，结合本专业教育进行创新创业教育，由于无法进入专业主流，况且短期内不能取得应有的效益，常常是单枪匹马、孤军奋战。这些教师以自己的原专业获得职称晋升，申请国家科研项目时很难找到准确的学科归属，经常在管理学、经济学、教育学、社会学等学科之间徘徊。学科“漂泊”状态使得从事创新创业教育的教师缺乏学科归属感，对于学者而言，学科就是学术职业，没有学科归属就意味着学术职业失败。因此，迫切需要建设专属的发展平台。针对从事创新创业教育的“学院型”“兴趣型”“公益型”教师，需分别建设相应的发展平台。对于“学院型”和“兴趣型”教师，由于他们都是高校教师，要重点建设培训基地等实践平台，提供实训资源；对于“公益型”教师，由于他们都是来自企业和社会的兼职教师，要建设帮助其提升理论水平的学术平台，使得实践经验得到应有的学术化。

第五章 “互联网+”时代高校创新创业教育实践教学体系的构建

第一节 中国高校创新创业教育实践教学体系建设现状

一、创新创业能力培养

目前，相对来说，学术界较为重视高等教育中基础教学、科研培养等方面的研究，而实践教学这种培养大学生创新创业能力的教育模式的研究则较为薄弱。总体来看，无论是从研究广度、研究宽度还是研究深度方面，都比较欠缺。多数研究显得零散、单一，局限于传统的视角和领域，一般性、普遍性问题研究较多，缺乏系统性、普适性的探讨。尽管如此，随着近年来学者们的不断探索，创新创业人才培养问题和实践教学中体系的构建逐渐成为研究的热门问题，积累了此领域相当丰富的知识与经验，产生了许多值得借鉴和参考的有价值的研究成果。

（一）创新能力、创业能力的含义

1. 创新能力的含义

创新的社会学解释是指人们为了发展的需要，在前人已经发展或发明成果的基础上，不断突破常规，提出新的见解、开拓新的领域、解决新的问题、进行新的运用、创造新的事物。创新能力是实施创新行为所具备的本领或技能。

对于创新能力的含义，国内不同的学者对其的理解和使用有很大的差异。有的学者指出创新能力是指利用已积累的知识和经验经过科学的思维加工和再造，产生新知识、新思想、新方法和新成果的能力。有的学者认为，从创新能力表现形式来看，创新能力的本质在于创新，具体表现为产生某种新颖独特、有社会价值或个人价值的思想、观点、方法和产品的能力。还有的学者认为从整合的角度来看，创新能力是个人知识储备、创新思维和创新个性的多维、多层次的综合表征。其中，知识储备是创新能力的基础，创新思维是核心，创新个性是保障。尽管不同学者从不同的角度理解创新能力给出的定义差别比较大，但它们都有助于

人们科学理解创新能力的含义。综上所述，创新能力含义为：创新能力是指创新主体利用已有的知识和经验，具备的能从事创新活动的思维和能力。

2. 创业能力的含义

创业能力，是在1989年12月联合国教科文组织亚太地区会议期间提出的。会议指出：“要求把创业能力教育提高到目前学术性和职业性教育所享有的同等地位。创业能力教育要求培养思维、规划、合作、交流、组织、解决问题、跟踪和评估的能力。”对于创业能力的含义，国内学者主要有以下几种认识和表述。有的学者认为，创业能力不仅暗含很强的实践性，需要有一定的实践经验，同时也包括了较强的综合能力，需要具备较高的综合素质，它是集创造性和自我开发与实现的一种特殊的创造力，它是三种能力的结合：专业职业能力、经营管理能力、综合性能力。有的学者认为，创业能力是指一种主体的心理条件，它可以影响创业实践活动效率，促使创业实践活动顺利进行。换一种话说，创业能力是一种以人的智力发展为核心，兼具较强综合性和创造性的心理机能，是经验、知识、技能经过类化、概括化后形成的，在创业实践活动中反映为复杂而协调的行为过程。还有的学者认为，狭义的创业能力指自主创业能力，即除工资形式就业以外的自我谋职的能力，顺利实现自主创业的特殊能力，包括个体自身的一些特质，如创业品质、专业技能、信息处理能力、决策应变力、环境适应力。从以上关于创业能力的观点来看，不少观点都值得借鉴。笔者比较赞同的是，创业能力是一种实践性、综合性很强的，有创造性特征，自我开发、自我实现性质的，以智力为核心的特殊能力。

（二）创新创业能力的培养

1. 创新创业能力的内涵及构成

以“创新创业能力”为主题的学术论文有很多，但是学者们在学术论文中很少提到创新创业能力的内涵，大多数是从创新创业教育角度来看的，主要有三种看法：一种理解是将创新创业能力等同于创新教育中培养的创新能力；第二种理解是将创新创业能力等同于创业教育中培养的创业能力；第三种理解是将创新创业能力理解为创新能力与创业能力的结合，是兼顾创新能力和创业能力并以创业能力为落脚点。笔者认为这样理解“创新创业能力”是不够全面的。根据本书的特点，对上述关于“创新能力”“创业能力”的含义进行归纳和总结，笔者认为，“创新创业能力”强调的是学生的基本素质、创新精神和创造性思维，同时注重学生的理论知识和实践能力，尤其是自我创业意识和创新操作能力，具备能够独立自主地去发现问题、解决问题，并提出自己的新观点的能力，同时又具备创业意识、对创业有所追求的能力。简单来说，创新创业能力指的是一种既具有实践能力、创新能力又具备创业潜能的复合型能力。人们从事创新创业活动，需要各种能力，绝不是单凭一种能力或某几种能力就能达到预期目标的。要使创新创业主体能发现问题、解决问题，提出自己的新观点，构思和创造有价值的东西，就必须使创新创业能力各要素联合成一个整合体，发挥创新创业综合效应。

A 智力是创新创业能力的基础

智力是人认识客观事物并运用知识解决实际问题的能力。知识是对事物属性与联系的认识，是人们在社会实践过程中积累起来的经验。智力包括很多方面，如观察力、记忆力、思维能力、应变能力和分析判断能力等。这些都是认识活动所必须具备的一般能力。一般的智力转化为创新创业能力，要求主体在创新创业活动中对智力因素实现有机整合，主要包括信息获取能力、创新操作能力和开创事业的能力等。

B 创新素养是创新创业能力的核心

丰富的知识要转化为能力，在实践中产生新的成果，就在于创新素养。创新素养包括创新意识、创新精神和创新思维。创新意识指的是创新思维活动的起点，是使个体产生创造行为的内驱力，是创造的意图等思想观念。创新精神指的是创新者所具备的智力与非智力心理品质的有机结合与升华而产生的实际创造动力。创新思维是指一个人在创新过程中，所产生的对新事物的认识活动，它具有多向性、形象性、突发性等特点。

C 创业潜能是创新创业能力培养的动力

创业潜能存在于创业意识和创业精神层面，是在一定社会环境和教育条件影响下，形成的与他人不同的较固定的态度和行为特征，是思维和行为相结合的体现。培养创业意识，主要包括形成创业需求、动机、兴趣、信念等；培养创业精神，主要包括形成自信心、坚韧性、敢为性、独立性、合作性等心理品质。

2. 大学生创新创业能力培养的内容和意义

党的十八大报告明确提出了“建设创新型国家”“以创业带动就业，提高创业能力”“创业中离不开创新”等内容。大学生是最具有创新创业潜力的群体之一，高校应该深入学习科学发展观和建设创新型国家战略，深化教学改革，培养大学生创新创业的能力，这是落实“以创业带动就业，提高创业能力”，促进高校毕业生充分就业的重要措施。基于上述创新创业能力的内涵及构成的分析，笔者认为培养大学生创新创业能力应包括以下几个方面的内容。

（1）实践动手能力：使自己面对问题时，具备发现问题、分析问题和解决问题的能力；（2）创新性思维能力：能用专业术语表述新问题，发现事物规律性的能力，具备发散性思维和非逻辑思维能力等；（3）能独立思考、独立判断和独立从事科研活动的能力；（4）学术交流能力：能将研究成果以专著或学术论文的形式表达出来，将新的思想或知识传递给他人的能力等；（5）创业潜能：在使自身的实践能力和创新能力有一定高度的时候，具备能激发自身创造力来开辟新事业、新行业的潜在能力。对于大学生创新创业能力培养的意义，可以概括为以下几个方面。

A　培养大学生创新创业能力是国家战略的需要

21世纪，各国竞争的重点已转化为经济和综合国力的竞争，归根到底是科技和人才的竞争。谁拥有具备创新型的人才，谁才能在这场激烈的国际竞争中取得更大的优势。创新是一个民族进步的灵魂，一个国家兴旺发达的动力。党中央、国务院做出的建设创新型国家的决策，是事关社会主义现代化建设的重大战略决策。创新型国家的建设需要具有创新创业能力的人才。培养创新创业人才，大力推进理论创新、制度创新、科技创新，不断巩固和发展中国特色社会主义伟大事业。大力培养大学生创新创业能力是高校的首要任务和关键措施，能够有效地推动创新型国家的建设。

B　培养大学生创新创业能力是缓解就业压力的需要

随着高校的扩招，中国大学生就业压力越来越大，就业形势相当严峻。通过创新创业教育能够有效缓解社会就业压力，因此高校全面开展切实有效的创新创业教育，培养大学生创新能力，激发其创业潜能，引导和帮助越来越多的大学生加入创新创业队伍中来，使大学生成为为社会创造价值的创业者，由寻求就业岗位的就业者变成提供就业岗位的创业者，有效缓解大学生就业难题。

C　培养大学生创新创业能力是大学生自身发展的需要

敢于创新，追求个性，有着强烈的自我意识，渴望实现自我价值，是当代大学生的时代特征。培养大学生创新创业能力，使他们更加注重自身综合素质和能力的提升，为他们实现自身的发展提供了条件。大学生通过创新创业活动，选择适合自己发展的领域，突破和创新自己的想法，从而实现自己的人生价值。

二、实践教学体系

（一）实践教学与教学体系

顾明远编著的《教育大辞典》中，对实践教学有一个明确的解释：“实践教学是相对于理论教学的各种教学活动的总称，包括实验、实习、实际设计、工程测绘、社会调查等。旨在使学生获得感性知识，掌握技能、技巧，养成理论联系实际的作风和独立工作的能力。”这种对实践教学的定义是从其内涵和外延来理解的。

按照系统论的思想，教学体系是指为了达到教育目的，而由教学活动相关要素构成的，并以一定稳定结构形式存在的，实现特定教学功能的，相互影响、相互作用的有机整体。对于教学体系的构成要素，有经典的三要素说，即“学生、教师和教材”，但是现在大部分学者认为教学体系的构成除了学生、教师和教材外，还包括教学目标、教学内容和教学环境。

（二）实践教学体系的内涵

实践教学体系是一个有机的整体，大部分学者都认为其有狭义和广义的内涵之分。总体来说，由目标、内容、管理、评估体系等要素构成实践教学体系整体这是按照其广义层面来描述的，而狭义的实践教学体系是指实践教学的内容体系。本书以广义的实践教学体系内涵作为参照，但并不局限于其设定的目标、内容、管理和评估四大要素。笔者把实验、实训、实习、毕业论文等环节作为实践教学活动，把体系的管理、评估、条件保障作为实践教学体系的环境资源来加以重新认识。笔者认为，实践教学体系是以实践教学人才培养目标为核心前提，以实践教学活动为主体内容，并以相应环境资源作为支持条件的一个有机联系的整体。

三、构建实践教学体系的理论基础

实践教学是和社会诸多领域有着紧密联系的实践活动，实践教学体系的构建也涉及各种与之相关的要素。在综合考察实践教学内涵的基础上，笔者认为实践教学与学习论的思想密不可分。它们不仅为实践教学体系设计提供理论指导，也为人们认识教育本质、确立教学目标、选择教学内容等教育问题提供重要的理论依据。

学者们对学习的探讨从未停止过，无论是行为主义心理学创造的“刺激—反应”学习理论，还是认知主义心理学家对人类认知过程及组成因素的研究，社会因素和个体因素已经成为学者们关注的焦点所在，特别是建构主义学习理论对教育思想产生了重大的影响。

建构主义学习理论认为，知识、技能不是被动积累的，而是学习者积极实践的结果。知识、技能的建构必须从激发学习者学习动机开始，而传统的教育模式往往是先理论后实践，实践能力弱的学生在社会上缺乏核心竞争力。因此，必须确立实践教学在创新创业人才培养过程中的主体地位；学习者的学习过程要关注知识、技能的连贯性和教学内容的情境性。使用情境教学方法，使学习内容具有真实性任务，使学习行为在与现实情境相似的情境中产生。实践教学是符合情境教学要求的，使学生通过具体的社会实践、实训、实习等实践环节，在解决具体问题情景中，积极主动地建构自己的理解过程、创造过程。

四、实践教学体系在创新创业能力培养中的重要作用

高校通过实践教学，培养的是学生实践动手能力和发现问题、解决问题的能力，在 21 世纪创新创业人才培养的要求中，学生创新创业能力的核心就是创新，创业是在具备一定程度创新的基础上升华得到的。实践能力是创新能力发展的基

石，高校构建面向创新创业能力培养的实践教学体系是符合现代教育要求和社会人才需求的。

（1）构建实践教学体系是连接学生理论知识和实践能力的重要手段。学以致用是人们从古至今都崇尚的知识获取和使用的目标，其实现学以致用目标的过程就是通过实践教学。实践教学培养学生运用知识、创造知识的能力，使学生能真正发挥理论指导实践的作用，为学生毕业后进入社会工作创造必要条件。

（2）实践教学体系是本科教学体系的重要组成部分。高校本科教学的培养目标和专业人才的培养目标的实现，都离不开实践教学这一举足轻重的关键环节。实践教学培养的是学生实践能力、创新能力和创业潜能，而只有通过实践教学体系才能更加系统化地实现实践教学的作用，是学生能力发展的必要条件。

（3）实践教学是学生创新能力培养的基石。学生创业潜能的激发离不开创新能力的积累，创新能力的积累离不开实践能力的提升。没有实践能力，创新能力是不可能得到发展的。学生在实践中不断积累自己的实践能力，形成良好的创新意识，无形中就会使自己的创新能力逐步提升。

（4）实践教学的更深远的意义在于学生个体的全面发展。21 世纪，国家的发展靠人才，人才综合素质的提升是一个国家综合国力提升的表现。国家培养学生的综合素质，正是靠学生进入社会前，通过实践教学来逐步使学生全面发展的。

第二节　高校创新创业教育实践教学体系建设策略

一、当前高校实践教学体系存在的问题

近年来，中国各大高校纷纷加大对实验室的建设投入以改善实践教学条件，积极开展实践教学改革，这不仅有效促进了学生实践能力和创新能力的提升，还为实现创新型人才的培养目标奠定了坚实基础。然而，在高校实践教学改革的探索阶段，仍然存在着一些问题。

第一，对实践教学的充分认识和重视程度还有待进一步提高。目前一些高校受传统教学模式的影响，重理论轻实践、重知识传授轻能力培养，实践教学长期处于高校教学活动中的次要地位。在高校目前制订的人才培养方案中，以理论课程的知识能力培养为主，以实验环节的实践能力培养为辅，这种实践教学定位和人才培养模式已经难以满足学生实践能力和创新能力培养的需求。实践教学活动一方面使学生将理论知识联系到实践中解决实际问题；另一方面锻炼学生发现问题、分析问题和解决问题的能力，这些是理论教学难以替代的。因此，高校需要尽快转变教学观念，确立实践教学在创新型人才培养过程中的主体地位。

第二，高校实践教学改革缺乏整体规划。很多高校把实践教学体系构建的重

点放在了实践教学活动上，虽然开设了实验、实训、实习等多种实践教学环节，且各个环节具有一定的时间保证，但是各环节之间缺乏有效的内在联系和有机结合，这种无序的状态，与创新型人才培养目标有较大的差距。实践教学体系作为相对完整的教学体系，具有相对独立性。在建设、实施的过程中，应避免孤立性、片面性，需要紧紧围绕专业人才培养目标，运用系统性思维和整体优化思想指导实践教学体系的构建。

第三，实践教学体系构建需要挖掘与之相适应的环境条件。与高校理论教学相比，实践教学活动的开展需要投入更多的人力和物力，不仅受到实验设备、实验场所和实践教学师资等条件的限制，而且还需要得到社会、企业的支持，操作起来难度较大。在师资队伍培养方面，缺乏具有过硬操作、技术经验的实验老师；在实践教学硬件设施的建设方面，实验室建设、设备更新、实验条件改善都需要大量的资金投入，一些有能力的高校虽然建设好了实验室，但是缺乏合理的运行和共享机制；在实践基地的建设方面，许多高校建立的校外实践基地数量不足，且其中有相当一部分稳定性不高，难以使实践基地发挥最大的效用。

二、实践教学体系的理论构建原则

实践教学体系的高效运行必须考虑到多种要素间的相互作用。在综合了创新创业人才培养范畴和实践教学体系特征的基础上，提出了在构建实践教学体系过程中需要遵循的一般性原则。

（一）目标性原则

高校实践教学体系的构建必须紧紧围绕培养大学生创新创业能力这一人才培养目标来进行，要把培养既具有扎实的理论基础，又具有较高创新素养和较大创业潜能的人作为实践教学体系的出发点。制定的实践教学体系人才培养目标应该根据高校人才培养规格、专业学科特点及发展规律及社会对人才的需求来进行明确的、有针对性的具体目标设定。

（二）系统性原则

高校实践教学体系的构建，应该根据高等教育的规律、人才培养特点，按照各个实践教学环节的地位、作用及相互之间的内在联系，运用系统科学的方法进行统筹安排。实践教学环节的时间安排上要保持连续性，要处理好实践教学与理论教学的关系，合理分配课时比例，保持整个教学过程的系统性。实践教学与理论教学的相互衔接、相互渗透，使体系内的各个环节协调统一，贯穿于高等教育的全过程。

（三）层次性原则

大学生能力的发展是一个循序渐进的过程，遵循这一客观规律，实践教学体系也应分阶段、分层次逐步深化。其实践教学目标要由易到难，实践教学环节由简单到复杂，实践教学方法由单一到综合，分阶段、分层次循序渐进地加以构建。

（四）实践性原则

实践出真理，因此，对实践教学体系的构建要有利于学生实践能力的培养，主要体现在实践教学目标要符合社会发展和人才需求，除培养学生的应用实践能力外，还注重创新创业能力的培养，以满足学生自主发展的需要。在教学内容上，应突出知识更新的要求，以实践、实训活动为主导，模拟真实的环境来开展实践教学。

三、面向创新创业能力培养的实践教学体系

（一）实践教学体系结构

实践教学体系的构建是以实践教学人才培养目标为核心前提，以实践教学活动为主体内容，并以相应环境资源作为支持条件的一个有机联系的整体，所以在构建面向创新创业能力培养的实践教学体系时，培养大学生创新创业能力作为实践教学人才培养目标与实践教学活动和配套的环境资源构成了体系中三大要素。这三大要素各有内涵又相互联系、相互促进，具体的体系结构如图 5-1 所示。

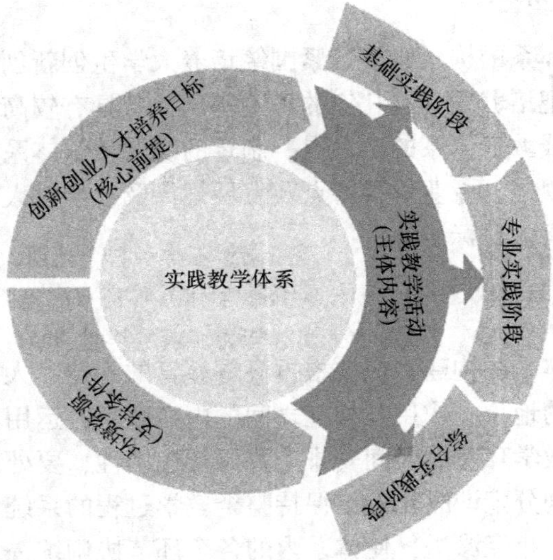

图 5-1　事件教学体系结构

（二）实践教学体系构建的目标导向

创新创业人才培养目标是高校实践教学体系构建的目标导向，也是其核心前提。这指的是在实践教学体系的构建中，要把培养学生创新创业能力作为实践教学人才培养目标，把创新创业人才培养目标贯穿实践教学体系的每个环节中，通过实践教学活动培养学生的实践能力、创新素养和创业潜能，使学生实际问题的解决能力和综合素质得到提高，使学生做到德、智、体、美全面发展。

1. 培养学生理论联系实际的能力

实践教学的首要任务就是要求学生能将理论知识与实践动手能力相结合，将课堂教育与社会实践相结合。这样在学生进入工作以后，学会理论联系实际，充分利用理论知识，指导思想，去观察、处理问题，解决实际工作中遇到的现实问题。

2. 培养学生发现问题、解决问题的能力

在用人单位看来，现在的大学生发现问题、解决问题的能力并不理想。因为实践经验的缺乏，在工作中很难发挥高学历知识教育的优势，因此要通过实践教学，积极调动学生的观察力、理解力和思考力。

3. 培养学生创新能力、激发学生创业潜能

创新对 21 世纪人才培养的意义尤为重要。在日新月异不断变化的世界环境中，具备创新能力的人才才能发挥举足轻重的作用，为社会发展做出贡献。通过创新能力的不断提升，使学生富有创造力，激发创业潜能，开辟新的行业和领域。

高校要依据自身的学校定位，适当调整各学科教学计划，以培养学生创新创业能力教学理念为指导，突出实践教学体系各环节的连贯性和整体性，完善实践教学内容，积极培养学生实践能力，满足新时期学科专业发展对专业人才的需要，力争实现创新创业人才培养目标。

四、实践教学体系构建的主要内容

如图 5-1 所示，按照不同的教学目标，遵循实验内容深度的递进，实践技能层次的递进，综合应用水平的递进原则，实践教学活动主要包括基础实践阶段、专业实践阶段和综合实践阶段 3 个层次阶段。通过这 3 个实践阶段，学生可以合理地、循序渐进地安排实践教学活动，将创新创业人才培养目标和实践教学内容具体落实到各个阶段中，达到学生实践能力、创新能力的培养要求。其中，每个层次阶段都有不同环节的实践教学活动，如图 5-2 所示。

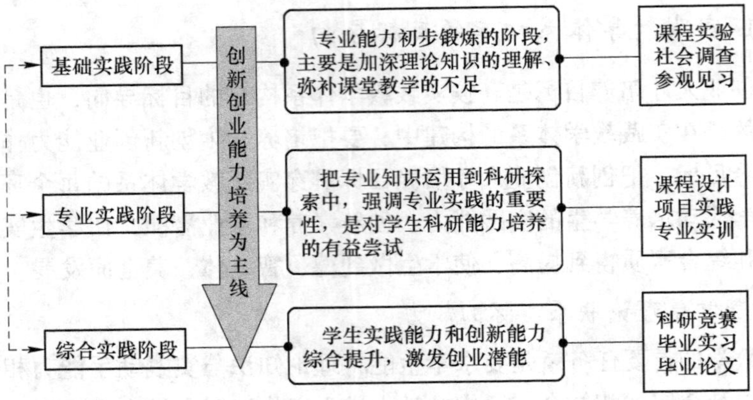

图 5-2 不同环节的实践教学活动

基础实践阶段是专业能力初步锻炼的阶段，对加深理论知识的理解、弥补课堂教学的不足起着重要作用，是专业实践阶段的前提。基础实践阶段主要包括课程实验、社会调查和参观见习 3 个部分，重点培养学生基本技能和基础实验能力。课程实验的教学目标是以理论知识为支撑，使学生具备以操作能力为主的基础实践能力，通过实际操作和应用来发现和解决问题；社会调查通过实地调查研究，促使学生去验证和解决课程中遇到的理论性问题；参观见习的目的是增长自身专业知识的见识，主要通过老师带团参观与专业相关的校外单位等方式进行。

专业实践阶段是在经过专业知识的系统学习之后，开始把所学知识运用到科研探索中，强调专业实践的重要性，是对学生科研能力培养的有益尝试。专业实践阶段主要包括课程设计、项目实践和专业实训 3 个部分。课程设计对培养学生提出、分析和解决问题及初步形成科学研究的专业综合能力起着重要的作用，是巩固所学理论知识的重要途径。学生的课堂学习时间有限，不可能完全掌握学科专业知识，所以项目实践环节可以使学生根据自己的特长，选择感兴趣的某一专业项目，在教师的指导下，以项目小组的形式组合在一起学习和研究，通过互帮互学，培养团队精神和融会多学科知识的能力，培养学生的设计实验的能力。专业实训主要采用校企结合的形式，由学校老师和企业老师带队，走到实际的工作环境中去，让学生亲身体会到未来的工作状态，帮助学生及早适应工作环境，使其满足行业需求，是连接校内学习和企业需求的桥梁，是毕业实习的一个提前模拟。综合实践阶段主要包括科研竞赛、毕业实习和毕业设计 3 个部分，重点培养学生综合实践能力和创新能力。在科研竞赛中，学生在学校指导教师的辅导下，参与老师课题研究、科研立项和大学生创新性实验项目等学术活动，也可以参加本专业的各项竞赛活动等，锻炼学生把理论知识与实践相结合的能力。为了能让学生在毕业实习的时候尽快进入工作状态，适应真实的工作环境，毕业实习是学生自己参加到相关企业部门中去，并没有教师从旁指导，学生真正投入到实际工作中，发挥自己的综合能力，解决问题，给企业创造经济效益。学生在毕业实习中，积累工作经验，为就业做准备。毕业论文是和毕业实习相辅相成的一个实际活动，毕业论文的主题来自学生对毕业实习过程中专业知识的总结和升华，体现出学生的科研能力和创新能力。

五、实践教学体系构建的环境资源

实践教学体系的构建必须有一系列教学硬件和软件地提供，才能保障实践教学的顺利开展，这些软件和硬件就构成了实践教学体系的资源环境，其主要包括实践教学体系构建的前提条件、环境保障、质量保障等多个方面。

（一）完善实践教学管理机制是高校实践教学体系构建的前提条件

适合创新创业型人才培养的实践教学体系必须要有与之相适应的实践教学管理机制作为其前提条件。其管理机制包括以下内容：

第一，分级组织管理。高校实践教学管理实行校、院二级管理体制，由学校负责对实践教学制定相应的管理办法和措施，各二级学院作为办学实体负责实践教学的组织和实施。

第二，教学制度管理。目前大部分高校的学生必须按照专业教学计划，接受相同的教学内容，而不能自主选择个性化的课程，这样并不利于大学生实践创新能力的培养。完善实践教学制度，需要实行“弹性学分制”，保证学生获得学分途径的多样性和灵活性，促进学生创新能力的最大化发展。

第三，运行评价管理。建立起包括学科专业资源、软硬件条件、校内外实训实习基地等实验教学资源有效利用和共享开放的机制，保证实践教学资源得到最大的有效利用，为实践教学活动的开展提供可靠的保障。同时，需要对实践教学的各个环节制定相应的评价反馈机制，利用这种机制来促进实践教学质量的提高，通过评价反馈保证实验教学改革的机制，对实验教学资源的有效配置与利用起到了良好的监督与指导作用。

（二）实践教学基地建设是高校实践教学体系构建的环境保障

实践教学基地建设可分为校内实训基地建设和校外实习基地建设两个方面。校内实训基地主要是面向本校师生，采取校企结合的模式，在校内开设企业培训课程，进行企业模拟实践项目，能体现学校管理和专业特色的实训场所。校外实习基地需要依托企业的老师，按照企业生产实践的真实需求，参与学生的校外实习教学环节的管理和指导工作。良好的实践环境是培养学生实践能力和创新能力的重要基础，所以高校应该确立以校内实训基地发展为核心，扩展校外实习基地，采取校内外共建相结合的思路，为推进高校实践教学改革提供基本环境保障。

（三）高素质的实践教学师资队伍是高校实践教学体系构建的质量保障

近年来，很多高校开始认识到，实践教学人员已不再是传统观念中的教辅人员，而是教学活动的主体。实践教师队伍素质的高低，直接关系到学生实践能力、创新能力培养的好坏，因此高校要加强实践教学师资队伍的建设，以适应新的实践教学体系要求。高校要抓好“双师型”实践教学师资培养工作，通过各种培训、培养途径，使他们既具备扎实的基础理论知识、较高的教学水平，又具有很强的专业实践能力。同时，建立完善的考核体系，鼓励教师参加实践教学工作。

第三节 “互联网+”时代大学生创新创业支持体系的构建

一、基本思路与原则

“互联网+”快速发展的今天，大学生创业遇到了许多困难，有资金方面的、有政策方面的、有技能方面的，还有服务方面的等。虽然一些高校开展了大学生创业培训，但是仅靠这些是不能很好地为大学生成功创业服务的。支持服务高等学校毕业生创业是一项系统的工程，需要一个完整、成熟的教育服务支持体系。目前中国尚未形成一个完整的创业支持体系，而在发达国家尤其是美国除了有先进的创业教育体系和完善的理论支持外，还有一套比较系统完善的支持大学生创业政策，为大学生创业提供了有力的保障。因此，可以借鉴发达国家的经验，并结合目前中国大学生创业服务体系中存在的不足来完善创业支持体系。完善大学生创业支持体系是一个漫长艰辛的过程，绝不能为了求快求方便而照搬照抄国外先进的创业支持体系，忽视中国的具体国情，应该本着实事求是的原则，吸收国外经验，在实践中不断完善大学生创业支持体系，以切实保障和落实大学生创业相关服务工作。

二、大学生创业支持体系的构建

建立一个以家庭、社会、国家为基础的，适合中国国情，符合大学生当下要求的，较为全面的创业支持体系，以帮助大学生更好地认识创业的方方面面，帮助大学生克服在创业过程中所遇到的困难，全面支持鼓励大学生充分地发挥自己的主观能动性，创新思想，突破自我，积极创业，为展现中国大学生自身的真正价值、促进中国经济快速腾飞而努力。

（一）构建完善的创业政策支持体系

中国改革开放30多年来，经济增长速度保持在10%左右，在这样良好的经济环境中，有着潜在的、巨大的创业机会。然而在中国现行的市场经济体制下，仍然有许多不完善的地方，大学生创业如果一味地像美国一样靠市场去主导，初出茅庐的大学生企业势必会举步维艰，从而影响到大学生再创业和其他大学生创业的信心和积极性。中国政府和社会组织应该从各个方面制定一系列政策和措施来鼓励大学生创业，方便大学生创业，保证大学生创业，使其真正成为中国经济前进的重要力量。

1. 创业鼓励

政府、高校、社会组织在制定各项政策鼓励大学生创业的同时，要让尽量多的大学生了解和知道这些政策的存在。以前的情况往往是政策虽在，但无人知晓，有些大学生会因此放弃创业的念头。社会各界应该通过各种媒介深入宣传鼓励大学生创业的基本政策和措施，让广大有潜在创业想法的大学生通过了解这些鼓励政策来产生其心灵上的共鸣，从而将创业理念转化成创业现实。同时，要深入报道大学生创业成功的典型案例，树立创业者在大学生心中的典型形象，建立一个十分轻松、友好的创业氛围。社会各界也应该加强合作，开展一些适合大学生创业的社会活动，给予大学生一些创业奖励，增强他们的创业积极性。

2. 税费减免

政府和社会各界要方便大学生创业，就要在税费上下功夫，简化大学生创办企业和企业运营中的各项程序，减免相应的行政管理费用，减轻企业的负担，同时在各项税收中给予企业更高比例的优惠。

3. 技术支持

大学生企业在创办后很可能会遇到一些核心的技术问题而阻碍其进一步发展，这时候政府需要制定相关的法律法规保证大学生企业核心技术的获得，特别是要求国有企业和知名企业在条件允许的范围内尽量和大学生企业进行技术交流，在技术层面给予大学生企业一定的援助。高校的科研力量也可以成为帮助大学生企业改良技术的有力平台，像日本经济产业省那样将高校老师和同学的科研成果转化成产品。同时大学生企业在产品获利后反哺学校的科研力量，进一步促进高校的科研水平，从而形成一个教学—科研—产出的良性循环。

4. 项目支持

大学生企业在创办之初尽管有好的发展前景、运营模式，如果没有好的项目，不能营利，仍然不能使其长久地生存发展。大学生刚刚毕业没有足够的关系网和社会网，市场渠道的不畅会导致大学生创业的失败，政府和社会组织应该正确、合理、积极地引导，分配一定比例的政府采购项目和社会采购项目给大学生企业，帮助其顺利拿到订单和合同。

（二）构建完备的创业教育支持体系

高校作为大学生创业前期理论学习的基地，对于培育大学生相关的专业理论知识、创业基本技能及大学生的艰苦奋斗、持之以恒、敢于创新的企业家冒险精神有着十分重要的作用。中国政府相关部门对高校的创业教育十分重视，1999年1月教育部就颁布了《面向21世纪教育振兴行动计划》来构想适合中国国情的高校创业教育，并且教育部高教司于2004年确定了清华大学、中国人民大学、武汉大学等9所高校作为创业教育的试点学校来真正实施中国的创业教育。然而由于各方面的原因，这些举措都没有很好地执行和推广下去，导致中国大学生创业积极性不高，创业理论知识储备不够，创业者基本素质没有得到很好的锻炼。创业教育是成功创业的重要因素，有必要大力开展创业教育，为大学生创业奠定理论基础。

1. 纳入学分

高校要把创业教育纳入学分体制，使创业教育成为如同专业课一样的必修课，使尽量多的大学生接触到高校的创业教育。对创业教育任务的评估也会使高校的创业教育更加灵活丰富，各种创业技能、创业培训、创业活动的开展都将是大学生拿到学分毕业的必要环节。因此，将创业教育纳入学分是高校进行创业教育的有效前提，有利于创业教育的普及。

2. 课程设置

在成功将学生拉到创业课堂里后，如何让参加创业相关课程的大学生保持兴趣、积极投入，从而能够真正掌握相关的创业理论、创业想法就成了高校创业课程设置所要关注的问题。课程设置的核心问题一方面是在各个高校的各个特色专业和相关专业开设渗透性的创业课程，使类似于化工、机械、生物等理工科的专业和法律、文史、会计等文科性的专业都有可以创业的切入点，并能够有机地结合文理专业，使学生和老师能够充分地交流，释放全面特别的创业理念；另一方面考虑到在调查问卷中绝大多数大学生更在意的是创业相关课程的内容和形式，可以摒弃以前传统应试教育老师讲课、学生听课的死板模式，借鉴如美国百森商学院的圆桌会议、MIT的创业课程试验、斯坦福的模拟商业谈判等这样的创业课程形式，使学生能够充分地了解和模拟今后的创业流程，并在此过程中结合灌输相关的创业知识，使其在模拟试验中自觉地克服创业困难，培养冒险精神和创业品质。这不仅仅使高校的创业相关课程更加灵活生动有趣，也起到了培育大学生创业者素质的作用。

3. 创业竞赛

美国百森商学院和德州大学奥斯汀分校最早于1984年在高校内开展创业计划大赛（Business Plan Competition），后来美国的多所高校如纽约大学、斯坦福、芝加哥大学等都开展了相应的创业计划大赛，鼓励大学生创业。中国清华大学也于1998年开展“清华大学创业计划大赛”，之后的“挑战杯”“大学生创业求实杯”等多项创业大赛也相继开展，并取得了一系列成果。

（三）构建强有力的创业资金支持体系

企业的创建、运营、维系都需要资金的注入，资金链状况的良好对于一个企业正常健康的发展有着相当大的作用。资金困难是大学生创业的第二大难题，只有有效地通过各种渠道来引入资金，才能支持大学生将创业构想转化成创业成果。因此，建立和完善以家庭、学校、政府、社会为基础的资金支持体系对于大学生创业有着极其深远和实质性的影响。

1. 家庭支持

从对大学生创业基本状况的调查来看，超过70%大学生的创业原始积累，也就是常说的“第一桶金”是来自于家庭、亲戚、朋友。这一方面说明在现行的金融市场上，想要通过商业信贷来支持创业还十分困难；另一方面也说明相关的法律法规和优惠大学生创业的资金政策还不完善，亟待出台。家庭资金支持除了指大学生的自有资金和通过亲戚朋友的帮忙所获得的资金和物资外，还包括家庭对于大学生创业的精神支持，精神支持是指家庭赞同大学生的创业行为，减轻大学生毕业后对其成家立业、赡养父母等的经济负担，能够容忍创业所抛弃的机会成本和创业失败的损失，相当于减轻了大学生创业负债的压力。这两方面的结合对于大学生创业初期生理和心理的压力有极大的缓解作用。

2. 学校支持

高校的资金支持可以有效减轻大学生创业的时间成本，缩短创业周期，使其在高校内专心于理论知识的学习、创业技能和创业品质的培养及创业计划和创业构想的实施。高校的资金支持可以从3个方面去实施完成：一是将科研成果进行商业化；二是举办高品质的创业竞赛进行创业奖励；三是直接设立创业种子基金。中国很多大学也相继设立了创业基金，这都使其成为创业教育和创业支持工作的示范学校，有力地支持了大学生创业。

3. 政府支持

大学生在创业初期遇到困难时最希望得到高校和政府的援助，政府对大学生创业的资金支持也可以从以下几个方面入手：第一，相应的资金政策。除对大学生创业减免相关的税费外，降低大学生创业的门槛，也是一种很好地减轻其创业负担的办法。第二，银行贷款。政府可以硬性规定国有商业银行设定一定比例的商业贷款给大学生企业，贷款利率在各地做相应的调整，同时建立适合的担保预约制度，保证大学生可以相对容易地进行融资。第三，政府设立创业基金。

4. 社会支持

社会的资金支持主要是指通过市场上的一些民间组织及市场力量来帮助大学生企业融资，这是对大学生创业融资的一个补充。整合各方力量，对大学生企业进行融资援助，具体有以下 3 个方面内容：第一，中国的民间 NPO（非营利组织）可以联合一些专门的机构投资者对项目较好的大学生企业进行风险投资，这也是国外比较常见的一种投资方式，尽管是带有股权性质的投资，但机构投资者会在咨询、财税等各方面对大学生企业进行援助，这也是本书比较推荐的融资模式，增强了大学生企业的存活率。第二，中国民间 NPO 可以组织一些企业来投资与其发展方向相关的大学生企业，作为加盟公司、旗下公司、技术联合等，这将对双方的发展起到积极正面双赢的效果。第三，民间 NPO 直接资金援助或者直接贷款，但是可能由于资金数量小、利率高，所以贷款的大学生需要反复斟酌，有一定的局限性。

（四）构建完善的创业服务支持体系

助力大学生创业获得成功需建立一套完整的服务支持体系，这为大学生创业起到润滑剂的作用。

1. 创业基地

大学生在获得了创业资金、创业项目之后，往往需要一个固定的办公场地进行日常的管理办公、生产办公、科研开发办公等，而创业基地，有时候我们也称“孵化基地”“孵化园”，这些就能够满足大学生这样的需求。这种创业基地往往固定建在大学校园或经济产业园中，可以办公后，需要将自己的创业构想转化为创业产品并在市场上销售，如果不能将创业构想进行盈利化、市场化，那么大学生创业的失败则不可避免。由于缺乏市场经验和营销渠道，支持大学生创业需要政府、高校、社会的市场导向支持，除了在政策支持中提到的政府要拿出一定数量的政府采购合同给大学生企业，帮助其拿到订单外，也需要广大的社会力量将大学生企业所在领域的相关信息进行资源共享，最大程度降低信息不对称的程度。大学生创业者要在政府、高校、市场的引导下更好地了解自己从事的相关行业信息，确认自己的客户资源，完成市场细分，对自己核心的领域有的放矢，成功创业。

2. 管理服务

创业支持体系不仅要让大学生企业成功地建立，更重要的是如何让大学生企业健康成长、不断壮大。因此，管理服务水平的高低将直接影响大学生企业的后期存活率和发展状况，从以下3个方面进行概括：第一，在创业基地、大学创业园等设立专门的管理服务部门，对大学生企业所遇到的法律、财税、会计等相关的企业基础常识提供咨询与援助，使大学生企业尽量少走弯路。第二，内部管理。内部管理是要让大学生创业者了解企业的产权结构和现行的企业组织结构，在合理的分配和设计下，能够让企业不至于产生一些不必要的纠纷和问题，从而让企业在创办后能够较为良好地运转。第三，对大学生企业的相关人员进行再培训。培训的内容不再是创业的相关问题，而是关于行业内的基本问题，包括在企业内任职不同的员工应该承担哪些相应的权利和责任并具备怎样的素质和能力，努力提升企业的核心竞争力，使大学生企业能够尽快做大做强。创业集群辐射效应使创业的大学生都在这个孵化基地进行创业，相互交流，提高了大学生企业的存活率。

三、大学生创业支持体系构建的对策建议

这些年来，从中央到地方，政府对大学生就业创业给予了高度关注，纷纷出台了各种措施鼓励和引导大学生就业创业，这也是一项民生工程，关乎千家万户，关系每个毕业生家庭的幸福，关系社会的和谐稳定。随着政策效应的产生，大学生创业的热情不断增加，这为政府、高校、社会完善和实践大学生创业支持体系提供了实践平台。

（一）创业形势分析

互联网能使创业成为一种生活方式，让创业教育成为一种思维，具有开放性、包容性。利用互联网技术平台可以实现不受时间、空间约束的立体式教育。

1. 政府政策制度体系的支持

随着社会经济的发展，国家越来越重视创业和创新，正在加快改革科技成果产权制度、收益分配制度和转化机制，让科研人员取得更多股权期权等合法权益，更好体现知识和创造的价值。同时，不断简化创业行政审批手续，降低创业门槛，提高对创业和创新的扶持力度。另外，也正在大力破除技术壁垒、行政垄断的藩篱，营造公平竞争的市场和法治环境，构建支持创业和创新的制度体系。

2. 经济发展的内在需求

大众创业、万众创新是经济增长的新引擎。当前，中国经济从高速增长阶段进入中高速阶段，传统依靠丰富廉价劳动力发展经济的方式已经无以为继，经济增长动力不足是经济发展最为核心的问题，必须要为经济找到新的引擎。随着经济向形态更高级、分工更复杂、结构更合理的新常态过渡，增长驱动力必须由要素驱动、投资驱动转向创新驱动，这既是经济发展的阶段性特征，也是现实

选择。

3. 全民创业的文化环境

80后这一批受过高等教育的年轻人正在成为社会劳动的主力军，他们思想上更开放，更具有国际化的视野，也深受互联网的影响，创新创业文化已经深入到他们每一个人的内心深处。创客文化也成为现今年轻人中流行的文化。随着国家的鼓励和推动，全民创业的文化氛围正越发浓厚。

4. 个人价值实现的重要方式

创新创业为每个人提供了一个勤劳致富、实现梦想的公平机会，创新创业正在成为实现个人价值的重要方式。

（二）大学生创业方向建议

1. 利用电子商务线上创业

“互联网+”为大学生创业提供了巨大的方便的平台，大学生可利用网络平台创业。大学生开店，一方面可充分利用高校的学生顾客资源；另一方面，由于熟悉同龄人的消费习惯，因此入门较为容易，如淘宝、微商等。

2. 利用网络技术、技能创业

大学生群体不乏网络高手，又身处科技前沿，有近水楼台先得月的优势，百度、网易、腾讯等大学生创业企业的成功，就是得益于创业者的网络和技术优势。有意在这方面创业的大学生，可积极参加一些创业大赛，获得更多的机会，以便吸引风险投资和慈善投资的关注，如软件编程、网络服务、动画开发等。

3. 利用互联网进行在线智力服务

在智力服务领域创业，大学生游刃有余，智力是大学生创业最丰厚的资本。智力服务创业项目门槛较低，投资较少，比如家教、程序检测、设计、翻译等，一张桌子、一台电脑就可以开业。

4. 连锁加盟领域

据调查，在相同的经营领域中，个人创业的成功率低于20%，而加盟创业的则高达80%。对创业资源十分有限的大学生来说，借助连锁加盟的品牌、技术、营销、设备优势，可以以较少的投资、较低的门槛实现自主创业，如快餐业、家政服务、校园超市、数码快印等。

（三）大学生创业支持体系构建对策建议

大学生创业的培育和引导，是一个长期的过程，除需要政府、社会等各个方面的共同努力外，更需要充分利用当下互联网经济发展势头，以“互联网+”思维促进大学生成功创业。

1. 以“互联网+”为载体构建高校创业教育体系

一是利用“互联网+”技术构建适合各区域创业教育课程体系。创业教育课程是创业教育理念的主要载体和实现创业教育目标的重要手段，是创业教育实施的主要途径之一。根据高校所在区域学生的特点和需要，利用“互联网+”技术构建立体式、全天候、高覆盖的自助课程体系，如开发专门的创业教育网站，网站涵盖创业经典故事、创业网络课堂等；制作“碎片式”手机APP移动创业课堂，给予一定的流量补贴，鼓励学生随时随地学习创业课程；建立校方创业微信群，让创业者有问题随时得到解答等。

二是基于“互联网+”技术构建高校创业教育实践体系。创业是一种实践性强的活动，要利用“互联网+”技术设置一系列创业实践活动，改变传统的实践方式。例如，构建线上线下创业实践平台体验、网上模拟创业；校方可利用“互联网+”技术建立网上大学生创业园，组建虚拟学生创业公司，线上线下实战经营；建立远程创业视频系统，与创业教育专家和创业成功人士互动交流，创业实践活动要突出“创造性、实践性”特色。

三是以“互联网+”技术为支撑建立高校创业教育评价体系。创业综合素质、创业能力的提高、创业学生的数量等方面指标不能全面反映创业教育状况的实际，为更好地确定创业教育实施情况和最终效果，需利用“互联网+”技术建立以创业率、创业成功率、创业教育影响力等因素为核心指标的创业教育评价体系；建立相关模型，用大数据分析法，得出科学结论，以推进创业教育健康持续发展。

2. 强化学生创业教育和指导，培养大学生创业理念和创业能力

传授专业知识的同时，应将创业教育纳入高等教育的课程体系，改革人才培养方案，使创业教育成为大学生的必修课程，进行系统的传授，培养大学生的创业意识和创业能力；在大学生实习阶段，对有创业意愿和创业能力的大学生，高校就业指导部门应及时将其推荐到大学生成功创业的企业或其他创业型企业中进行学习交流和实习实践，增加大学生对创业的感性认识，积累创业经验，增强创业自信。

3. 为大学生创业提供个性化扶持，提高首次创业成功率

政府部门在简化大学生创业审批程序、放宽对创业的注册资金和场所的限制、减免创业行政收费、落实税收优惠政策等基础上，还要结合大学生文化水平高、综合素质高、社会经验少的特点，引导其从事与所学专业或兴趣对口的创业项目，将个人兴趣、专业与创业方向结合起来，并成立由高校专业教师和创业企业家组成的“创业导师团队”，对刚起步的大学生创业企业进行一对一的帮扶。

4. 大力开展创新创业竞赛活动

社会和科技部门应通过开展“大学生创业创意大赛”和“大学生创新创业分享沙龙”等活动，鼓励和引导大学生将创新创意转化为创业项目，营造大学生创业的良好氛围，并以此活动为契机，搭建大学生与创业伙伴及创业投资人的线下沟通交流平台；高校或相关政府部门应针对大学生缺乏社会经验、人脉资源、企业管理经验和销售渠道等情况，根据不同创业大学的专业优势和性格特点，积极组织协调多个大学生进行共同创业，各司其职、优势互补。政府应开展创业实训、模拟运作、孵化培育等公共服务，并鼓励和引入民间、社会力量组织专门的创业指导机构，为创业者提供法律、投资、财会等专业服务。

5. 充分运用“互联网+”新理念，打造大学生创新创业新模式

对大学生创业企业，特别是传统产业的企业，应充分运用“互联网+”新理念，将传统企业与互联网完美融合，走信息化与工业化相融合的路子。对于大学生创立的小微科技企业，应充分利用互联网优势，为企业打造一个开放式创新平台，采取“众包”模式，汇聚全社会的创新力量，并以此为载体，为客户提供各类个性化的服务和体验，加快企业创新和个性化发展步伐。

6. 基于互联网技术搭建众创服务平台

政府应适应新型创业型孵化平台的特点，简化登记手续，对“众创空间”的房租、宽带网络、公共软件等给予适当补贴，尽量降低搭建平台的成本，让青年人特别是大学生的兴趣与爱好转化为各种创意，通过网上“创客联盟”、网下“众创空间”等平台将其汇聚起来，逐渐把孕育于移动互联、根植于创业草根、适用于创新创意的空间，打造成培育各类青年创新人才和创新团队，在创意者、创新者及投资人之间实现信息对称、项目对接、资本对接的创新型创业孵化综合服务平台，努力把各种创新创意转变为现实。鼓励科技创业企业充分发挥网上“创客联盟”和网下“众创空间”平台的优势，集中开展技术难题攻关和创新创意研发，这样不仅能降低企业科研成本，而且有利于营造“万众创新”的社会氛围。

7. 积极搭上互联网经济发展势头，引导大学生开展电子商务创业

开展大学生网上创业模拟实训，提高创业人员的操作能力，打造大学生电子商务创业实践基地。积极引导大学生电商企业进驻电商创业园，为大学生电商企业提供电商培训、电商企业孵化和运营的一体化服务。对大学生电商创业实行以奖代补，并对创业初期的小微电商企业实行社保补贴和场地租金补贴。

8. 加大资金扶持力度，创新创业融资形式

目前，中国高等学校毕业生创业的特点决定了毕业生们更需要风险投资，因为他们是刚毕业的学生，资金缺乏，中国的风险投资体系不够完善，信用制度很

不健全，融资是高等学校毕业生必须要解决的问题，不然创业就无法进行下去。为此，政府应该主动牵头，搭建大学生创业的融资平台，为其融资创造有利的环境，建立大学生信用体系，加快和完善资本市场体系建设，为大学生创办的中小企业建立成熟的融资、投资体系。另外，政府可以对帮扶大学生创业的社会企业给予一定的奖励，引导社会力量支持大学生创业发展。

各级政府应设立专门的大学生自主创业储备基金，重点资助本地区具有一定科技含量与良好发展前景的大学生创业项目。同时，可考虑将下岗失业人员小额担保贷款的申请对象扩大到创业的大学生，扩大大学生创业扶持资金的来源渠道。另外，充分发挥“种子资金”的带动效应，由政府出少量资金，带动社会和民间资金，成立“大学生创业风险基金”，再由第三方专业机构对申请资金的创业项目进行风险评估，通过评估后的创业企业可获得基金支持。政府和金融系统应支持大学生创业企业通过成熟的金融市场获得更多的资金，发展多种融资渠道，如以大学生申请的专利或其他知识产权来进行融资，为大学生创业提供更多资金支持。

在推进小额贷款公司发展时明确小额贷款毕业生创业贷款的比例；制定政策规定各商业银行对高校学生创业贷款计划单列，加强贴息贷款力度。建立中小企业信用担保体系，促进银行贷款向高校学生创业企业的倾斜。设立高等学校毕业生投资机制，形成大学生创业的助推器。

9. 整合社会创业政策，提高大学生创业的服务保障能力

梳理政府对社会各类群体的创业优惠政策，实现政策的普惠性，放宽对大学生创业的注册资金和场所的限制，落实税收优惠政策；加强大学生创业园建设。建立创业园人才信息库，提供园内创业大学生的信息交流平台；建立定期为创业企业提供与园外企业学习交流机制，全方位、多层次地为大学生创业服务；依托大学生创业园和创业孵化基地，对有创业意向的大学生免费提供创业指导、创业培训、税费减免、小额贷款等“一条龙服务”，切实提高对大学生创业的服务保障能力。

10. 建设创业实践基地，激励和满足大学生创业需求

创业环境通常指的是围绕创业成长发展而变化的，并对企业实时产生影响的一切因素的总和。创业环境具有区域性，不同的地区，社会结构、经济发展水平不一样，给予的优惠帮扶措施也不一样，这些因素都将对创业企业产生重要影响。

大学生创业基地具有社会公益事业性质，政府应在资金上、政策上给予支持，但从国家和目前一些地方财政的承付能力看，不能完全依赖于政府的支持。创业基地要通过探索和开发满足市场需求的服务产品、服务方式，不断提高创业基地的自我生存能力和自我发展能力。要把承担政府政策性、公益性目标与基地

的自主发展结合起来，积极寻求自主经营和可持续发展空间。

政府要加强大学生创业基地建设和高科技创业孵化器的建设，要建设专门的创业园，通过集聚效应降低大学生创业风险，提高其创业成功率，在大学生创业园区内建立完善的帮扶机制，引导社会力量、民间资本参与大学生创业。另外，通过孵化科技产品，加快项目转化，从而帮助大学生创业的成功，促进大学生创业。要整合有限资源，有针对性地支持创业项目，形成规范的、科学的支持体系，从而为大学生创业搭建一个合理公正的支持帮扶系统。

11. 提供完备的创业指导咨询服务

建立与完善中小企业社会化服务体系是《中华人民共和国中小企业促进法》的规定。中小企业社会化服务体系是以服务社会各类中小企业为宗旨，以营造良好的经营环境为目的，为中小企业的创立和发展提供多层次、全方位、网络化、社会化服务。高校学生创业支持体系就是这个网络的一部分，构建一个好的网络，才能够提供好的服务。

构建高校学生创业支持体系，一是要树立以人为本的服务理念，从高校学生创业的实际需求出发，不断完善和创新服务内容。服务的重点包括：为有意创业的高校学生提供创业咨询、创业指导与策划、创业培训等服务；为注册登记2年内的新创办高校学生创业企业提供财税、法律、劳保、外贸等代理服务，政策与信息服务，管理咨询服务，技术服务，融资指导服务，人员培训服务等。二是鼓励各类服务机构多渠道征集、开发创业项目，建立“创业项目信息库”和“创业者信息档案库”，及时为高校学生创业提供服务，帮助高校学生掌握基本创业技巧，指导制订创业计划书，规划创业项目，帮助其实现创业。通过多方面的指导帮助，采取多种形式来帮助高等学校毕业生创业，构建合理的支持服务体系，使学生能成功创业。

建立高素质的创业教育培训的辅导员队伍是创业教育服务支持工作的基础。各级政府和相关职能部门要把当地各行各业有经验的人组织起来，如优秀的企业家、法律专家、管理咨询专家等，为高校学生创业服务。要建立创业辅导员选聘及管理制度，使其成为地方创业服务的重要力量。有条件的地区可以组织“专家咨询学生”“创业服务志愿学生活动”，深入实际开展高校学生创业服务。

12. 多措并举提升大学生创业能力

长期以来，由于传统的观念，大学毕业就是读研，或就业、出国等，这样的培养模式束缚了大学生创业的思想和行为，创业教育和培训严重缺乏。为此，对大学生进行创业教育培训势在必行。创业培训教育是激发和提高大学生创业能力的重要环节，家庭教育同样缺乏对大学生创业进行教育。因此，为培育大学生的创业精神和理念，使其树立一种创新意识，高等学校必须改变传统的教育模式，转变职业观念，加大创业教育的力度，不断根据变化的形势，实时设置创业教育课程，把创业教育纳入教学计划，形成一个完善的创业教育课程培养体系，使学生的创业能力和潜力能充分得到发挥，形成良好的创业教育氛围，促成大学毕业生积极创业。学校应该设立有关创业教育的激励机制，把教师的积极性也充分调动起来，不断指导帮助大学生创业，建立一套合理的有效的目标体系，保障创业教育的顺利进行。

大学生创业教育是多方面的，仅靠高校本身是远远不够的，必须得到政府的大力支持、企业的鼎力相助。企业家走进校园为学生授课，讲授实战经验，为大学生创业进行指导；政府整合有限资源，有针对性地帮助大学生创业。只有在全社会营造良好的创业支持氛围，从支持大学生创业中受益，才能真正建立起社会的支持体系，高校学生创业教育才能得到长足发展。

13. 为大学毕业生创业配备“师傅”

大学毕业生刚创业，一个很重要的方面就是缺乏实践经验，给他们配备创业导师是十分必要的。导师是校外的有实战经验的企业家或职业经理人等，对他们创业过程中遇到的问题能及时解决，使学生少走弯路，提供必要的帮助，这样能提高其创业成功率。具体措施：举办拜师会，学校聘请相关项目的企业家，学生和导师相互了解，双向选择，这样就可以加强对学生创业实践的针对性指导。

14. 建立挫折“发泄坊”

学校不仅要对创业成功的学生进行表彰，大力宣传，也要为创业受挫的学生营造包容鼓励的良好氛围，这样大家才不会害怕创业，对创业就不会恐惧，就会把其当作一件平常的事情来做，这样压力就更小了，更有利于全心投入到创业项目中，就会有越来越多的人加入创业的大军中来。如举行创业经验座谈会、创业失败总结会，对创业失败者进行“把脉”，疏导其情绪，加强再培训等，建立创业受挫“发泄坊”，让其在一定范围内充分释放情绪，然后再重新整装出发，改进不足，完善手段，继续运营创业的项目。

第六章　“互联网+”时代高校创新创业教育师资体系建设

科学的理念是保障行动质量的基础。创业师资与传统师资在教学技能与知识类型要求上存在根本差异，组建创业师资队伍本质上是一个破旧立新的过程。特殊的创业师资类型框架和目标要求，决定了创业师资队伍建设要避免随意性，必须以明确的目标作为指导，以一定的理论架构作为支撑。

第一节　高校创新创业师资队伍的发展现状

一、“互联网+”视域下的教师发展

“互联网+”教育使得不同学科领域之间出现深度交叉融合，不同学科领域之间交叉融合，新概念、新理论、新学说频频出现。与此同时，新的教育技术手段不断涌现，催生了智慧网络教室，侧重于满足自学、小组合作学习、集体授课等多种学习与教学形态，教室装配摄像头、电子黑板、投影仪以及液晶显示器等辅助教学设备，能够有效地辅助教师开展各种学习活动，为师生带来了全新的互动式、探讨式教与学的体验。这种互联网带来的便利在方便教师完成教学任务的同时，也对教师能力提出了新的要求，教师必须适应并跟上“互联网+”时代脚步，才能主动利用信息化技术革新带来的教学内容、教学方式的转变，不断增进教师发展，提升教师自身核心能力，提高教学质量。对教学管理者来说，同样必须顺应“互联网+”时代浪潮，充分发挥教师发展中心职能，搭建网络教师发展培训平台，帮助教师树立信息化教学思维，组织开展信息化教学技术轮训，并在职称晋级、教师评优等环节增加教师发展考核指标要点，完善相关规章、制度，鼓励教师广泛开展提升自身核心能力的活动。

二、提升创新创业教育水平与教师核心能力的途径

高校教师之于创新创业教育，犹如在大海中航行船只的舵手，是创新创业教育的重要引领者，但许多教师虽然具备相对扎实的理论知识能力，但却缺乏创新创业教育的实践经验和能力，在面对学生进行讲授的过程中，无论是通识性创新创业教育还是专业创新创业课程教育，容易造成理论和实践的错位，很难真正起

到有效的示范和引导作用，这也间接导致我国创新业教育成效并不明显。因此，找出解决高校教师发展问题的对策和路径，对提升教师创新创业教学能力至关重要。

（一）以研促改，推动教师参与实践

通过改革创新教学研究管理模式，以教学研究促进教学改革，进而通过教学改革推动教学实践丰富完善，为教师开展创新创业教育教学科研和创新创业实践提供制度保障，最终达到促进创新创业人才能力提升、创新创业教学质量提高的目的。解放思想，鼓励全校师生开展创新创业思想大讨论，突破思维定式。以创新创业教育为核心，围绕人才培养模式、教学内容和教学方法、教学质量监控以及教学信息化等方面的改革进行研究。此外，学校设立校级教学改革研究项目，与部、省、学会等教育教学改革研究立项组成链条式、多层次的教学改革研究体系。

（二）丰富形式，建设梯队式教师队伍

高校实施梯队式教师培养工程，第一梯队为教学名师、专业负责人、基层教学组织负责人；第二梯队为青年骨干教师、课程负责人、科研骨干；第三梯队为新入职教师。通过“立标杆，树榜样”遴选出一批热爱高等教育事业，具备高尚师德，教学能力突出、科研水平过硬的优秀教师，带动创新创业教学质量不断提高。加强对专业建设骨干的培养，能较准确地理解专业建设的内涵，并根据学校定位、地区经济和社会发展需求，科学地构建专业建设的内容。加强对基层教学组织负责人的培养，旨在锻炼出一支能在人才培养工作中做出示范并带领基层组织围绕学校中心开展工作的基层干部队伍。培养一批教学研究型青年骨干教师，在教学改革方面发挥生力军作用。培养能带领教师进行课程群建设的负责人，在课程内容的设计、教学内容的组织与安排、课程教材建设等方面能够很好地发挥组织、协调和决策的作用。培养在科研上具有良好基础并取得一定成绩的青年科研骨干，在青年教师中发挥引领和示范作用，带动科研方向凝练和科研团队建设，为相关学科发展做出贡献。

（三）更新技术，提升教师核心能力

积极推进信息化技术手段在教学上的应用，高度重视信息技术为教学工作带来的机遇和变革。充分发挥教师发展中心职能，在推广 MOOCs、SPOCs、微课等平台应用于教学工作方面发挥引导、促进和培训作用。建立微课录制教室，用于教师录制上述平台中所需要的课程视频，同时也为教师分析自己的教学表现，以及教师间对视频课程相互点评提供支撑。扎实做好实施翻转课堂的教师培训，翻

转课堂是落实以学生为主体的教学理念，改变教师课堂教学只是单向传授、忽视学生参与讨论的教学模式，同时也是激发学生批判性思维和质疑精神，以及鼓励学生面向问题进行学习的一种有效教学和学习模式。高校着力推进信息化教学的应用，丰富教学形式，提高教学质量，同时也提升教师核心能力。高校教师是实现创新创业教育改革目标的核心要义，高校在宏观上首先应该制定创新创业教育改革计划或实施方案，教师个人也必须紧跟经济社会发展趋势，同时各方都应积极吸收和借鉴其他国家与高校在创新创业教育中的成功经验，不断推进教师专业发展，打造一支师德师风高尚、专业基础过硬、实践能力突出的教师队伍，培育符合时代发展需要的创新创业人才，实现伟大的民族复兴，国家富强。

第二节 高校创新创业师资建设策略

一、设立分层推进的师资建设框架

（一）形成由企业、专业和创业辅导构成的师资框架

高校创新创业教育指的是高校利用课堂内创业课程和课堂外创业活动，培养学生创业精神和创业技能的教育。“实践性与理论性并存”是创新创业教育区别于普通教育的典型特征，促进自主创业又是创业教育的结果之一。因此，创业师资选拔与培养必须兼顾创业实践、创业理论、创业指导 3 个方面的内容，对应师资为企业师资、专业师资与创业辅导员。

“全校性创业教育”是未来中国高校创新创业教育发展的总体方向。本书结合国内外创业师资建设经验，从全校创业师资建设出发，提出如图 6-1 所示的师资结构。

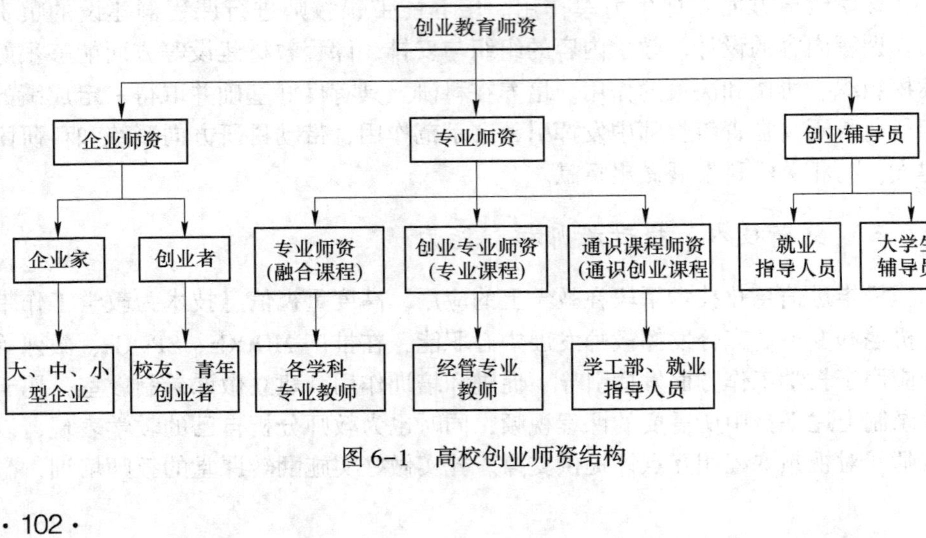

图 6-1 高校创业师资结构

（二）制定实践型、“双师型”和咨询型的师资培训目标

目前有关创业师资培养问题的专门研究不多，缺乏前瞻性指导。面对创业学位体系尚未形成的客观现实，创业师资队伍建设主要依赖于引入外部师资和师资培训。

鉴于创新创业教育实践性与理论性的特征，“双师型”教师是能够同时驾驭创业教育理论课和实践课的中坚力量，是师资培养的重点目标。“双师型”教师最早出现于职业教育领域。对“双师型”教师内涵首次做出明确规定的是 1998 年国家教育委员会发布的《面向 21 世纪深化职业教育教学改革的原则意见》：“要采取教师到企事业单位进行见习和锻炼等措施，使文化课教师了解专业知识，使专业课教师掌握专业技能，提高广大教师特别是中青年教师的实践能力……重视教学骨干、专业带头人和‘双师型’教师的培养。”1999 年，《中共中央国务院关于深化教育改革全面推进素质教育的决定》中进一步明确指出：必须“加快建设兼有教师资格和其他专业技术职务的‘双师型’教师队伍”。与职业教育相似，创新创业教育最终要回归创业实践。科学有效的创业技能培育离不开创业实践经验，急需同时具备创业实践与创业理论的创业师资。

具体到三类师资，企业师资以提供创业经验为主，需具备基本的教学技能以满足创新创业教育需求；专业师资需要将专业与创业融合，必须具备理论性与实践性的双重知识能力，即“双师型”教师；创业辅导员以创业咨询为主要任务，需要对创业法规、政策拥有基本认识，能够为学生提供创业支持。不同类型师资对应的具体培养目标应有所区别，如图 6-2 所示。

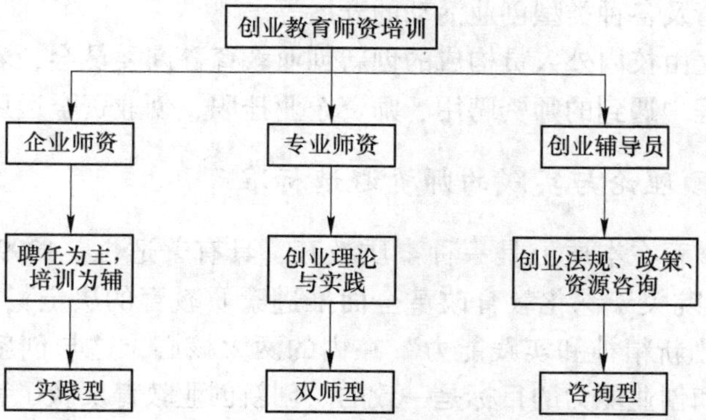

图 6-2　创业师资培训目标

二、建立数量充足的高素质师资队伍

（一）弥补师资缺口

依照教育部《普通本科学校设置暂行规定》的规定，高校专任教师的师生

比不能低于1∶18的标准，兼职教师人数不超过专业教师总数的1/4。根据教育部《普通高等学校基本办学条件指标（试行）》对高校师生比的要求，本科院校的标准分别为工科、农、林院校1∶18，医学院校1∶16，语文、财经、政法院校1∶18，体育、艺术院校1∶11；高职院校中，综合、师范、民族院校1∶18，工科、农、林院校1∶18，医学院校1∶16，语文、财经、政法院校1∶18，体育、艺术院校1∶13。

2012年，教育部网站公布的数字显示，2012年中国高校本科在校生人数2391万余人，研究生在校人数171万余人。师资需求数量由受教人群决定。根据“全校性创业教育”的发展计划，师生比例的最低要求，高校在校生现有人数需求、创业师资的发展能力等因素，目前中国创业教育的师资缺口很大。

（二）建立创新创业教育协调机制

加强创新创业教育，管理是高校全面推进创新创业教育不可或缺的要素，更是创新创业教育制度化建设的一个重要标准。中国高校创新创业师资缺口大、质量低，存在师资管理混乱现象。扩建创新创业师资队伍，提升创新创业师资质量的首要任务就是完善创新创业教育协调机制。借鉴国外已有经验，必须着力加强管理，加强顶层设计，将创新创业教育规划融入高校整体发展战略，提出明确的师资队伍建设计划。

高校要组建有效的创新创业教育管理委员会等协调机构，统筹全校创新创业教育师资队伍的管理与分配；全面指导全校创业课程、创业教育项目、创业竞赛、创业训练营及各种类型创业活动的开展等。

高校要成立由校内外人员构成的创新创业教育咨询委员会，着力解决创新创业教育实施过程中遇到的师资聘用、师资企业挂职、创业资金运用等实际问题。

（三）兼顾理论与实践的师资遴选标准

创新创业教育在本质上是一种素质教育，具有普适性。1999年6月发布的《中共中央国务院关于深化教育改革全面推进素质教育的决定》，表明了素质教育包括提升“创新精神和实践能力”在内的两大核心，这与创新创业教育培养具有首创精神和创业能力的目标是一致的。创新创业教育反映了素质教育的核心与重点。实施创新创业教育，目的不只是帮助学生走上独立创业或自谋生计的道路，更重要的是帮助学生将创业精神和能力迁移到各项工作与活动中，适应瞬息万变的社会。

素质教育理念下的创新创业教育，要以创业理论知识为基础，以创业实践知识为重心，要求教师具备先进的创业教学理念和实践导向的教学素养。在师资选拔上，要避免过去单纯以高学历、高职称作为选择标准，树立以教师素质与创业人才培养相契合的选聘导向，避免将“纯粹知识教学”的教育痼疾带入创新创业教育。

（四）制定灵活的兼职师资选聘制度

制定灵活的企业师资选聘制度，提升企业师资的参与力度和质量，对专业需求、教学任务、薪金制度、项目参与需求、企业师资与专业师资合作做出合理安排。

企业师资选聘应兼顾创业教学的多层次需求。以不同教学时长的教学任务为例，第一个层面是学校层面的创业通识课，应采用校内辅导员、研工部、学工部等教师为主，兼职教师为辅的师资组成结构。每门课程选配一位或数位能够担任短期课时的兼职教师，采用讲座、互动、专题讨论的方式开展创业教学，作为入门创业知识的补充。第二个层面是学院层面的创业融合课程，应采用专业教师与兼职教师“一对一”的协作模式，选聘能够担任半个学期或一个学期时长的校外兼职教师，与专业教师共同授课，结合理论与实践提供系统的创业课程。第三个层面是专业层面的创业课程，应选用兼职教师独立教学的组织方式。根据创业学课程人才培养的需要设立专门的创业课，选聘创业学领域的专家，专门开设一门或数门相关的创业课程。

高校要着力完善企业师资选聘制度。根据3个层次课程的不同需求，真正将校外兼职教师融入创业教学中来，改变过去蜻蜓点水式的教学辅助，真正对学生的教学与创业实践起到有效的指导。

三、形成合理的师资结构

（一）组建结构合理的教师队伍

创业师资由企业师资、专业师资和创业辅导员三部分人员构成。各高校应根据国家规定，以及实际课程的教学需求，建设师资规模与结构合理的教师队伍。

鉴于现阶段创业师资严重匮乏的现状，在实际操作中，高校一方面要坚守师资选择标准的原则底线，扩大师资选择的范围，从参与KAB、SYB等培训人员扩大到创新创业教育的实践者和研究者，乃至各专业院系不同专业的专业人才，不拘一格地选拔人才，形成稳定的校内教师队伍；另一方面还要设立一条或多条优秀师资的绿色通道，广泛吸引海内外创业学专家，进行创业教学。与此同时，高校还应当与当地产业相结合，吸引成功的企业家、风险投资商、律师、政府官员等不同领域的人才系统地参与高校创新创业教育，并根据教学层次的需求建立结构合理的教师队伍。

（二）统筹优化现有师资资源

院系壁垒成为阻碍高校内创业师资相互沟通与成长的主要障碍。各高校可以结合现实需要，参照3个层次的创业课程设置，开展不同层次的创新创业教育，打破学院的制约，重新整合师资力量，形成通识教学、融合课程教学、创业学教学3种不同的教学模块。通过课程体系的构建，将创业师资组合成密切联系的教师网络。

根据完成的实际创业过程，形成不同的师资合作模式。第一，组建一主多翼的师资团队。此类型师资团队以一次完整的创业项目或创业活动为依托，能够满足整个创业过程需求，由不同专业的专家构成师资队伍。推举一位贤才作为统筹者，组织相关教学活动的讨论、教学内容的选择，制定阶段性的发展目标。第二，根据创业不同阶段或专业领域的需求组建师资队伍。高校可以将不同领域的专家根据创业不同阶段或专业领域的需求，形成特定的师资队伍。学生根据自身能力需求与创业发展需求，选择相应的师资咨询。

统筹优化现有的师资资源，形成不同形式的师资团队合作方式，最终目的在于充分发挥每一位成员的优势，更好地为创新创业教育发展服务。

（三）制定科学的教师协作教学制度

大量引入高校外部兼职教师是中国创新创业教育发展的现实需求。专业师资主要依赖校内师资，师资流动稳定，而企业师资主要依赖于高校外部的企业人士的引进，流动性大。

随着“全校性创业教育”理念的推广，专业教师的人数在大幅度增加，而且不同师资类型、不同课程专业类型、不同课时长度的兼职教师也使得师资管理工作变得更为烦琐。在此状况下，没有完善的师资衔接制度作为保障，一旦出现教师离职的状况，必定导致师资链条断裂，破坏教育教学的整体性。为此，高校必须在创新创业教育管理部门的统筹规划下，在紧密联系社会、主动挖掘不同领域优秀人才的同时，制定严密的师资衔接制度，做好短期、长期师资聘任规划，与应聘师资之间保持密切联系。

（四）完善创业师资的激励机制

忽视“以人为本”的师资管理模式，必然导致选人、用人、育人和留人各环节衔接的断裂。在创业师资管理方面，高校应明确树立“以教师为本”的管理理念，确保教师在创业教学中的主人翁地位，帮助教师树立正确的创新创业教育价值观，认识到创新创业教育对教师自身和学生成长的重要作用，建立能够促进教师个体发展的激励体制和管理体制。

具体到实际操作层面，高校要努力将教师的个人发展目标与创业教学发展目标相统一。引导教师根据学校创新创业教育发展的定位和实践型人才培养需求组织开展教学活动。对教师在科研、教学、实践等不同领域所取得的成绩，给予科学的评价和合理的回报。努力实现管理方式从压力的传递向内在激励方式的转变。

成立创业师资发展基金，奖励在创业课程建设、教学方法革新、创业实践及创业研究等领域做出显著成绩的教师。一方面，制定符合教师劳动投入的薪酬制度，落实创业师资的工资、福利等各项政策，切实保障创业师资的利益；另一方面，努力营造一种宽容失败，推崇创业，鼓励冒险的宽松、自由环境，为教师提供良好的创业教学氛围。

四、建立形式多样的师资培养体系

（一）加大创业学学位体系建设

高质量创业师资短缺已经成为阻碍中国高校创新创业教育发展的主要瓶颈。短期速成的创业师资培训既不能达到较高的质量标准，也无法满足不断膨胀的创新创业教育师资需求。解决这一问题的根本在于构建系统化的创业学学位体系。通过创业学学位体系培育大批创业教育师资，迅速提高创业师资的素养，达到提升创新创业教育质量的目标。

创业学学科的发展和创业学学位的设立，不仅有利于吸引优秀的企业与管理人才加入创业研究的阵营，提高创业研究的质量与效果，而且有助于创业师资的长期发展，形成师资供给的良性循环。近年来，中国在创业学学位体系建设方面已经取得初步成效，有的高校已经设立了本科阶段的创业学学位，甚至出现了创业学的硕士和博士学位。但现有的教育资源远远无法满足创新创业教育的教学需求，必须继续加大创业学学位体系的建设力度。有条件的高校必须加强创业学学位建设，有计划、有步骤地开发创业课程，逐步设立完整的创业学学士、硕士、博士学位培养体系。

（二）提升双师型教师培养力度

加大“双师型”创业师资培养力度，必须保障充足的培训资金和合理的师资培训平台。各高校应设立专门的创业师资培训基金，吸引资金赞助。以产学研为依托，将高校的知识优势与企业的实际操作优势相结合，制订校企合作师资培训计划。培训内容要以企业管理、项目运营、危机处理为核心，强调师资的创业感受与体验，提升师资的创业认知。此外，高校还应逐步制定“双师型”职称认定制度，积极引入具备“双师型”条件的创业人才。

在“双师型”创业师资培养过程中，还应秉持以下原则：尊重师资职业发展意愿的原则；师资专业领域与企业领域相匹配原则；兼顾高校与企业双方利益原则；理论与实践相协调原则。

（三）拓展创业师资培训渠道

政府可以开展“千人创业师资项目”等培训项目，大力推进创业师资培训工作。高校在经过10余年的创新创业教育发展历程后，已经积累了相当多的师资培训经验，形成了一定数量的优秀创新创业教育团队和创新创业研究团队。未来高校可以尝试将市场竞争机制引入高校创业师资培训，增强高校在师资培训方面的主动性，提供多样化的培养方案。培训过程要着重开展体验式、活动式的培训方法，在改善教师创业知识结构的同时，更要提升教师的创业能力。培训渠道要与相关国际机构结合。有条件的高校应当有目的地选拔部分优秀教师参与国际上声誉较好的师资培训项目，学习先进的培训理论和内容，了解国际创新创业教育的前沿动态。除了参与创业师资培训外，鼓励并支持教师参与创新创业教育国际交流，与世界顶尖学者充分沟通，吸收先进的经验，促进浙江省高校创新创业教育理念和方法的发展。

（四）构建创业学习平台

建立创业网络学习平台，加强经验交流与资源共享。尝试在区域层面建立统一的创业学习网络虚拟平台，鼓励各所高校潜心学习、研究、借鉴各种培养模式，拓展创新创业教育师资培养渠道。

五、组建适应区域发展的创业师资

（一）适应区域市场发展的师资培养导向

金融危机之后，世界产业格局体现出两大特征：一是国际产业转移向纵深进行；二是新兴产业的重要性日益凸显。2011年国家发展和改革委员会发布《中华人民共和国国民经济和社会发展“十二五”规划纲要》，强调一方面要求改造提升制造业，培育发展战略性新兴产业，另一方面指出要营造环境，推动服务业大发展。2012年，国务院印发《服务业发展“十二五”规划》，要求“到2015年，服务业增加值占国内生产总值的比重较2010年提高4个百分点，成为三大产业中最高的产业”，推动各省形成以服务业为主的产业结构，产业重点从传统的第二产业转向第三产业。2013年，转移和升级传统制造业、培育和发展新兴产业、提升服务业规模和效率成为中国各省产业结构调整和发展的三条主线。区域产业结构变化势必引起经济发展重心的转移，必然需要创业者对社会环境的变化保持高度敏感。创业师资培养，必须考虑到区域未来市场发展需求，基于“三二一”的产业格局，调整“双师型”创业师资的培育重点，尤其要注重结合各地区的重点发展产业带的产业需求。

（二）利用区域企业优势选聘企业师资

在创业定位上，高校创新创业教育主要面向中小企业。各高校要充分利用区域优势，尤其要结合不同区域的企业优势选聘企业师资。以浙江省为例，浙江已经形成四大经济发展模式，即“民营经济为主，公有经济为辅的‘温州模式’；变小公有经济为民营经济的‘杭州模式’；国有、集体、民营、外资经济四轮驱动、混合发展的‘宁波模式’；以及市场先发、商贸主导的‘义乌模式’”。其中，区域性与国际性并存是义乌中小企业一个显著特征。该地区拥有全球领先的小商品批发市场和遍布世界的商贸经销网络，以及由此带来的巨大商流、物流、资金流和信息流。10 多个本土企业的销售范围涉及中东、欧美等多个国家。伴随中小企业成长起来的本土企业家，不乏国际化的视野和气魄，是最佳的创业师资来源。高校要充分利用区域企业所能提供的企业家优势，采取多种措施，吸引企业家参与创业教学。

在高校与企业之间建立长期的、制度化的合作机制，力求在师资训练、专业互助、产业转化、资金、创业咨询等方面达成共识。重点强调学术型教师参与挂职，深入高新技术企业体验创业过程，研究创业案例，提高创业能力。

（三）运用产业集群开展师资培训

产业集群是一组在地理上靠近的相互联系的公司关联机构，它们同处于一个特定的产业领域，由于具有共性和互补性而联系在一起。其主要特征表现为：第一，相关产业在空间上高度聚集，形成网络化的空间联系；第二，集群内核心产业与辅助产业相互促进、学习、竞争与合作的经济功能相联系。产业集群的产生为创业师资培育带来了极大便利。一方面各产业呈块状分布，高校教师可以依据产业分布，划分不同专业的师资培训模块，提升不同专业师资培训的区分度；另一方面，产业集群的集聚标志着相同企业专家的集聚，企业家资源的集聚标志着知识集聚，为同类师资培训提供大量知识与技术支持。

中国不乏结构完善、资源充足的产业集群。政府和高校可以发挥其在创业师资培训中的统领作用，分专业、分模块、分区域统一开展高校创业师资培训。

第七章 高校创新创业教育的教学方法创新与科学评价

高校创新创业教育是相对于商学院或管理学院创业管理学科开展的“专业性”创新创业教育模式而言的，它的基本要求是“面向全体学生”“结合专业教育”“融入人才培养全过程”，着眼于创新创业教育的广泛性和普及性，使之惠及每一个学生，重在培养学生的创业观念、创业者精神及创业思维和创业能力，而不仅仅是传授创业知识和技巧。创新创业教育是中国高校创新创业教育发展的主要趋势，在具体实施这一教育模式的过程中，由于教育对象广泛、专业类别多样、培养目标分层等状况的现实存在，经常会听到实际工作者报怨“学生太多了，只能讲讲算了，根本没有条件使用其他教学法”，这就在客观上造成当前中国高校创新创业教育尚存在“教学方式方法单一，针对性实效性不强”等现实问题。多数高校形成了教学模式“以教为主”——易僵化，教学内容“以知识为核心”——重理论，教学方式“以第一课堂为主阵地”——缺乏实践的现实困境。缺乏行之有效的创业体验学习已经成为阻碍创新创业教育可持续发展的一个重要原因。本书充分考虑到创新创业教育的理论性、实践性和操作性，探索将案例教学法、体验教学法、项目教学法具体应用于创新创业教育的必要性与可能性，明确高校创新创业教育应用这些教学方法的组织形式、项目选材、考核评价、保障措施等具体问题，确保这些方法在高校创新创业教育中的成功应用。

第一节 高校创新创业教育的科学方法创新

一、教学方法创新的重要意义

（一）克服传统教学方式的弊端

有学者概括性地描述了传统教育教学的5个特点：（1）通过传授、记忆、回忆与再现的方式，由教师向学生传授知识；（2）更注重“教”而不是“学”；（3）正确的答案被看作是重要的并给予奖赏，而近似的答案、猜测和多种解释不被重视甚至被排斥；（4）在教学过程中，教师的权威至高无上；（5）考试及其分数对学校、学生和教师都是至关重要的。对于学生来说，传统教学方式使得学生不用在学习上花费大量时间，费太多的脑筋，只要调动记忆的功能就可以完成学习任务，久而久之，也就习惯了这种教学方式。但是这种教学方式的最大弊端在于扼杀了学生的生命力，“从表面上看，学生是一个完整的人坐在课堂上，实际上学生并没有作为一个整体参与教学活动，调动的仅仅是理性方面的认识，而需要、动机、兴趣、情感、人格等非理性因素在课堂并没有得到应有的关注”。这样的课堂教学既缺乏生气与乐趣，也缺乏对智慧的挑战和对好奇心的刺激，不但使得学生厌学，也使得教师厌教。要想改变这一现状，就必须引入新的教学方法以改革课堂教学。案例教学法、体验教学法、项目教学法可以有效克服传统教学方式的弊端，在创新创业教育过程中表现出来的优越性更是非常突出。概括来说，主要有 3 个方面：一是自主性。学生成为主角，通过教师的导演与指导，学生充分展示自己的才能。二是拟真性。给学生提供逼真的客观环境，使学生置身于特定的典型环境之中，并自觉地进入角色。三是交互性。学生之间、师生之间可以互相交流、相互启发，培养学生解决问题的能力。这些显而易见的优越性的充分发挥，在现实教学实践中受到了传统教学观念与方式的制约。基于此，有学者在教学实践中发现，学生从心理上支持案例教学法，但在表现上又令人大失所望。其主要原因在于：不愿参与，不能参与，不敢参与，不屑参与。其中，“不愿参与”与“不屑参与”是态度和认识问题，是因为学生不想花费大量的时间和精力，而“不能参与”和“不敢参与”则是能力问题，长期的被动学习、压制性家庭教育和应试教育使一些学生没有公开阐述自己观点的勇气，总是担心出丑，担心犯错误。加上语言表达能力、独立思考能力、随机应变能力、思维活跃程度和进入角色的主动程度都有待提高，致使很多学生无法参与到案例教学过程中来。由此可见，以案例教学法来代替传统教学法，这样的改革不仅仅是单纯的技术性革新，也不是传统教育、教学的现代包装，而是一种较为全面的、彻底的教学改革。体验式教学法借助“体验”训练，引导学生在学习过程中进行反思，过渡上升到对于理论知识的理解，并启发学生将理论与实践有机结合起来。应用体验式教学法，可以有效打破传统教育体系里单一式教学、强制性灌输、理论性主导、静态式接收的学习模式，使学生能够在自觉、开放、轻松的学习环境中参与教学活动，进行知识积累和技能提升。在项目教学法中，教师和学生共同参与项目的完成过程，教师更多担任的是项目的提供者和指导者，而项目实施中需要运用哪些知识、问题的提出和解决均由学生自己来完成，因而能调动学生的积极性，充分发挥其主观能动性，培养其自主学习的能力，这也是创业过程中非常重要的一项能力。

（二）切实提高大学生创业能力

在全球创业观察（GEM）的概念模型中，“创业活动是创业机会与创业能力合成的结果”。当前中国大学生创业面临的主要问题是创业机会多而创业能力弱。因此，通过案例教学法在创新创业教育中的广泛应用，全面培养和切实提高大学生的创业能力成为目前最为迫切的任务。

创业能力与实践联系紧密，它更多关注“怎么做”而不是“是什么”。这种能力不能够靠“讲授型”的教学来传授，而必须靠“探究型”的教育来获得。有学者认为，“从以讲授为主的教学到以探究为主的教育，是一场革命”。这场革命有3个特征：教育的起点和主体从教师走向了学生；学习过程由学生的被动接受走向学生的主动探究；教育替代教学。探究能够带给学生的除了知识与技能的习得外，还有“精神启示”“习惯”“智力品格”“心智状态”，而“学生的创造力首先是心智状态、思维方式问题，其次才是知识、技能问题”。这对于实践性特征突出的创新创业教育尤其重要。培养学生的创业能力不能过分地依赖知识的传授，而是要着力培养学生对自然现象和社会现象的关注度和敏感度，培养学生辨析和解决问题的习惯与能力，培养学生批判性思维的习惯与能力，培养学生拥有和珍视自己的心智生活。正如怀特海所言：“虽然智力教育的一个主要目的是传授知识，但是智力教育还有另一个要素，模糊却伟大，而且更重要——古人称之为‘智慧’。没有一些基础的知识，你不可能变得聪明：你轻而易举地获取了知识，但未必习得智慧。”要想让学生拥有智慧，就必须真正确立学生在创新创业教育中的主体地位，重建学生的学习方式，使学生通过探究与体验来进行有效学习，使知识内化为学生成长的养分，外化为“以整体性的人去看待整体的世界”的智慧。在创新创业教育过程中引入体验式教学法，使创新创业教育形成立体、开放、多元、互动的教学体系，让学生在自我教育、自我培养的过程中提高认同、找到归属，才真正有利于培养和提升学生的创业意识认同感和创新精神归属感。项目教学法涉及多方面的知识内容，采用的是团队合作的方式，在项目具体实施过程中，团队成员可以根据需要来选择自己的任务。如果为提高项目完成的效率，则选择自己擅长的部分；如果想学习更多的知识来弥补自己的不足，则可以选择自己尚不太能胜任的任务。同时，在项目的完成过程中，团队之间的竞争会激发学生的集体意识，团队成员也会为了共同的目标而一起奋斗，增强与他人合作的能力。

（三）有效应对高校创新创业教育的现实困境

由于当前中国高校创新创业教育课程普遍作为选修课程或者公共课程来开设，因而普遍存在课时少、上课人数多、专业背景复杂等问题，加上相关资源的限制，为所有学生提供实践机会非常困难。在这种情况下，要想保证创新创业教育的实际效果，只有借助于新的教学方法。案例教学法本质上是以问题为导向，以客观事件为材料，训练和提高学习者在复杂情况下认识、分析和解决问题的理性思维与实际技能。它的精髓在于设置一种氛围和情境，引导学生在面临困惑、模棱两可及不充分信息的条件下，开动脑筋，勤于思考，做出决策，争取成功。案例教学法把求知和行动有机地结合起来，切合了创新创业教育的实践性特征，解决了通过课堂教学实现“做学结合”“以学促做”的教育目标。通过体验式教学法，实现课堂教学、实践演练、参与体验“三位一体”，理论性、实践性、操作性“三维并进”，使更多的学生在体验过程中直击创业活动的现实问题，对于培养规避风险的能力具有重要意义。项目教学法通过项目的形式进行教学，项目的实施是学生通过运用自己的理论知识解决实际问题的过程，必然需要整合多方面的知识资源。同时，将学习知识和运用知识有机地结合起来，不仅能满足学生在创新创业教育中的实践需求，有效解决理论学习与实践相脱离的问题，而且能实现学以致用的教学目标。

二、教学方法创新的方向引导

创新创业教育具有十分突出的实践性特征。“创业实践活动既是作为一种教育影响，也是作为一种课程模式，使创业教育与其他教育类型有了质的区别”，是最能体现创业教育特点和性质的课程类型，不是单纯的理论和知识传授就能够完成的。创新创业教育领域存在着大量的“缄默知识”，与“显性知识”相比，“缄默知识”不能通过语言进行逻辑的说明，不能以规则的形式加以传递，不能加以批判性的反思。如果用“显性知识”的教育模式来传递“缄默知识”，就难以确保教育的有效性，迫切需要将课程教育与实践教育紧密结合，搭建起供大学生边干边学、做学结合、以学促做的“实践导向”教学方法体系。

（一）开展“实践导向”的课堂教学

课堂教学要重点解决两个问题。一个是“教什么”，也就是教学内容的问题。有学者通过对比教室学习环境与企业的实践学习环境后发现，“学校非常强调过去，聚焦于理解、反馈和大量信息的分析。而在企业的实践学习环境中，企业家聚焦于现在，没有时间进行批判性分析。他们花费大多数时间处理问题，通过自己的经验、通过做来学习，即做中学。”由此可以看到，“实践导向”的课堂教学要突出强调创设高度贴近企业家实践的学习环境，教学内容要“厚今薄古”，高度关注现实，将解决实际问题作为教学的中心内容。另一个是“如何教”，也就是教学方法的问题。在教学方法上，突出强调探究式教学方式，采取案例、体验和项目教学方法，重点强调“自觉性决策”和“创造性实验”。“实践导向”的教学方法要重点突出学生的主体地位，通过引导学生进行自觉性决策和创造性实验来激励和培养学生的创业行为。

(二)构建“实践导向”的参与体验平台

当前中国大学生创新创业教育的主要参与体验平台首推“挑战杯”中国大学生创业计划竞赛。通过这项比赛，每年有上万名大学生直接或间接地参与到创业体验中来，竞赛的教育功能得到了各方面的充分认可。但是对于这项创新创业教育实践活动，也有学者提出了学生参与不足，只是学生精英的赛事，多数学生仅是看客而已，过于重视形式（比赛环节），轻视内容（赛前培训、赛后转化），比赛轰轰烈烈，实际成果收效甚微等问题。实际上，这些问题有些是赛事本身的组织问题，有些则是赛事本身无法解决的问题，因为要想解决这些问题需要整个政府、社会和高校服务、培训、教育体系的密切配合。对于赛事本身来说，最为重要的是确立“实践导向”，将比赛向两端拓展。一方面向赛前培训拓展，比赛不是目的，目的是以赛促教、以赛促学，所以，要扎实做好赛前培训，培训的对象不要局限于参赛学生，而是要面向全体学生，通过这一过程普及创业文化。培训不只是讲如何做创业计划书，重在发动学生行动起来，深入开展市场调研，掌握第一手资料，为识别机会、把握商机、了解社会奠定坚实基础。另一方面向赛后转化拓展，比赛结束之后，还需要做艰苦细致的项目对接与运营工作，政府的支持、企业的投入、资本的汇聚等，所有这些涉及一个成功的创业计划由好的想法转化为商机的重要因素，都要有一个专门的部门来规划、统筹与协调。当然，这些任务不可能由赛事组织者来完成，而是要成立专门的机构来强力推动，只有这样，才能使更多的创业计划落地生根，产生实际效益。当然，高校建设“实践导向”参与体验平台的方式还有很多，既可以通过孵化器和科学园作为教师和学生的研究与教学实验室，增加大学生衍生企业的数量，并提高企业的生存率；也可以通过支持学生社团或创业俱乐部、开办创业暑假学校、举办创业论坛、组织学生到企业进行创业实习、开展“一对一”的创业指导等方式，来切实地推动创业实践的深入开展。

(三)提供“实践导向”的保障措施

一是创建配套的教学制度和教学环境。现有的教学制度比较传统，灵活性不足，开放性较差，最突出的一个缺点就是理论知识学习与实践应用脱节，在这种教学管理制度下实施项目教学法比较困难，难以发挥案例、体验和项目教学法的优势特点，最终影响高校创新创业教育的实际效果。同时，案例、体验和项目教学法的实施，不同于传统讲授式的课堂教学，需要一个开放的教学环境，学生可能根据具体项目的实际需要，到教室以外的其他场所进行教学活动，比如实验室或某一实体公司，也有可能需要一些额外的软硬件设施，比如可能需要购买锻炼学生创新创业能力的模拟软件等。当然，在高校创新创业教育中应用案例、体验和项目教学法并不是要摒弃传统的课堂讲授法，而是要将两者结合，在课堂讲授法保证学生了解相关理论知识的基础上，通过具体项目的实施，使学生学以致用，边用边学，从而激发学生创造性思维的产生和综合分析能力的提高。

二是加强师资队伍建设。在高校创新创业教育中应用案例、体验和项目教学法时，教师的角色不再只是讲授者，更多的是监督者和指导者，角色的转换对教师教学的要求并没有降低，反而有很大提高。教师不再像传统授课那样仅仅进行备课、讲授、考试等教学活动，而是需要运用多方面的知识来满足更加综合的教学目标。例如，教师在设计项目时，不仅要考虑自己所教授的知识，还要考虑其他相关学科的知识。同时，教师不能只像往常一样教授理论知识，还要有较强的实践能力，才能胜任此类课程的教学。因此，在高校创新创业教育中应用案例、体验和项目教学法对教师提出了更高的要求，而中国目前这方面的师资相对薄弱，存在数量不足、质量不高和结构不合理等问题，在培养学生了解创业的基础知识、基本过程和基本技能方面，尚能勉强满足需求，在对创业兴趣浓厚的学生进行个性化培养时，就会感到心有余而力不足，因此急需培养相关师资人才。

三是加大政策和资金的支持力度。在高校创新创业教育中应用案例、体验和项目教学法的一个前提就是有力的政策支持。政府是掌握和控制公共资源的主体，政府部门要准确定位，利用信息优势和行政职能，发挥其在推进大学生创业过程中的引导作用。目前，国家高度重视创新创业工作，“国家大学生创新创业训练计划”便是针对在校大学生的训练项目，通过创新训练、创业训练和创业实践三类项目，促进高等学校转变教育思想观念，强化创新创业能力训练，增强学生的创新能力和在创新基础上的创业能力；全国各地也出台相关优惠政策，通过“搭建平台、集聚资源”等措施，为大学生提供创业或创业训练的项目。所有这些都是对高校创新创业教育的具体而实在的支持，为高校创新创业教育的开展与推广起到了很好的指导与促进作用。

在高校创新创业教育中应用案例、体验和项目教学法还需要有充足的资金保障。案例、体验和项目教学法不同于传统教学法，不但教师的课业任务加重，还需要开展第二课堂活动，比如组织学生到实体公司实施具体教学项目或购买一些软硬件设施来支持项目教学等，所有这些都会加大创新创业教育的开支。国务院印发文件《关于深化高等学校创新创业教育改革的实施意见》，明确提出“完善创新创业资金支持和政策保障体系”的指导思想，指出“各地区、各有关部门要整合发展财政和社会资金，支持高校学生创新创业活动”。总结国外创新创业教育的资金来源模式，主要包括两大类：一类是以英国为代表的政府主导型资金来源模式；另一类是以美国等为代表的市场主导型资金来源模式。中国可以同时结合政府主导与市场主导模式构建一个综合多元的创新创业资金来源体系，在由政府设立大学生创新创业基金的同时，积极倡导社会及企业建立相关的援助创新创业的基金和组织，以提供充足的资金保障。

三、具体教学方法的应用与创新

(一) 案例教学法在高校创新创业教育中的应用与创新

由于中国高校开展创新创业教育的时间较短，在科学运用案例教学法来提高高校创新创业教育质量和水平方面，目前尚处于起步阶段。借鉴国外案例的比较多，结合国情和地方实际情况自编案例并进行完整意义上案例教学的高校比较少。急需通过深入研究来探索案例教学法在高校创新创业教育中具体应用的途径和方法，以此切实提高高校创新创业教育的质量并推动其不断走向深入。

1. 案例选材问题

案例选择的恰当与否直接决定着案例教学的成败。高校创新创业教育面向全体学生，这些学生来自全校各个专业，知识背景和专业兴趣有着很大差异。面对这种情况，如果照搬商学院或管理学院进行专业教学时使用的案例，则会使多数学生产生距离感，既无法吸引学生的注意力，更不能提高他们的学习兴趣，自然就不能主动参与课堂教学，所以在案例选材时要注意以下三点。

首先，选材的基本定位在于培养创业精神，而不是教学生开公司当老板。高校创新创业教育的基本定位是启蒙教育，通过开展这项教育要达到两个基本目的：一方面，要让全体学生了解创业的基础知识、基本过程和基本技能，从而在广大学生的内心深处播下创业的种子。虽然多数学生可能不会创业，但会成为创业拥护者，为创业文化建设奠定基础。另一方面，在教学过程中，发现那些对创业有着浓厚兴趣并想在大学期间或毕业时开展创业实践的学生，组织形成类似“创业实验（先锋）班”之类的组织，进行接续性的跟进教育，开展个性化培养，引导学生走上实际创业之路。基于启蒙教育的基本定位和两方面的基本目的，在高校创新创业教育中，要重点选择那些能够培养学生创业精神的“打气鼓劲”型的案例，通过案例教学使广大学生认识到创业并不是高不可及，形成人人可以创业的基本态度和价值观。当然，在对大学生创业进行“打气鼓劲”时要注意把握适当的“度”，不过分渲染大学生创业成功案例，给学生以创业容易成功的不正确暗示，使得不具备创业条件的大学生错误地走上创业之路。

其次，选材的基本方向在于结合不同专业特点，而不是“一例通教”。来自不同专业的学生都对与本专业密切相关的行业特别感兴趣，在这种情况下，选择案例的时候就要照顾到学生的基本专业特点。比如当前 IT 创业比较流行，于是就有教师针对计算机专业的学生选择 QQ 创始人马化腾的案例进行教学，收到了很好的教学效果。实际上大学里的很多专业都是适合创业的，如工程、艺术、体育、旅游管理等，但是由于学生不了解本专业的社会应用前景，一般对创业持悲观态度。在这种情况下，如果教师能够结合各个专业的特点引入案例，既会极大地激发广大学生的创业热情，更会调动他们努力学习专业知识的积极性。

最后，选材的基本原则是“就地就近”，而不是一味地追求“洋经典”。实际教学过程中发现，学生对于那些发生在自己身边的实例更感兴趣，讨论起来参与程度更高，而对于从西方引进的案例，除了几个耳熟能详的大公司和大人物之外，对于知名度不高的中小企业案例则很少有兴趣。从这一实际情况看出，在进行案例教学的过程中也不要言必称希腊罗马，却忘掉了本区本校。一方面，案例可以就地取材，中国经济具有很强的地域特色，长期发展过程中形成了晋商、徽商、潮商等著名商帮，改革开放以来又涌现出“苏南模式”“温州模式”等富有特色的经济发展模式，对于这些地区的高校，完全可以就地取材，对学生进行案例教育。另一方面，各个高校可以充分开发校友资源，将校友创业案例引入创业教育，用“身边人讲述身边事、身边事教育身边人”的办法开展教育，这样易于学生接受，并能较好地激发学生的创业热情，培养创业意识，克服对创业的畏惧心理。

2. 教师角色问题

案例教学虽然改变了传统教学模式中的师生关系，但是任课教师的教学水平和实际表现仍然是教学成功与否的关键因素。创业教育中的案例教学主要以讨论的方式来进行，在讨论过程中教师应该扮演什么样的角色呢？是“裁判员”还是“运动员”？是“引导者”还是“助产士”？教师的正确角色定位对于案例教学的成功实施至关重要。有学者认为，教师在开展案例教学前，要调整自己的角色和心态，在教学过程中主要是“倾听、促进和引导者的角色”，这样的角色定位与传统讲授式教学中教师扮演的“知识权威”角色截然不同。但是，由于高校创新创业教育存在的大班级课堂、各专业交叉、学生准备情况参差不齐等特殊性，客观上要求教师有相应的角色定位。

首先，“倾听”而不“放任”。案例教学法强调的是不同观点的呈现，其突出特点是不提供明显且无争议的标准答案，但是不提供标准答案不等于不纠正错误观点。教师在认真倾听每一个学生发言、尊重每一个学生见解的同时，要注意错误的观点和认识，进行汇总之后，以适当的形式给予澄清，让学生了解不是“什么都行”。其次，“促进”而不“限定”。大班级课堂一般都在100人以上，一堂课45分钟，做到每个学生都发言几乎不可能，在这种情况下教师一般采取分组讨论，每组选一名代表发言的方式，以此来促进学生的充分讨论。与此同时，不能把这种形式限定得过死，肯定有学生还有与各组发言不同的观点，要提供两三人自由发言的机会，供学生表达不同观点。最后，“引导”而不“主导”。教师之所以要引导，是因为学生在讨论时经常会偏离主题，在这种情况下，教师要通过必要的引导使讨论向着课程目标前进。虽然案例教学讨论的方式是自由的，但是这种讨论是有方向的，即“有方向的自由”。引导要注意把握度，既不能过早发表自己的意见，使学生不敢发表自己的独立见解，也不能以反对、嘲笑、谴责或命令的口吻来主导讨论进程。教师要和学生处于平等的地位，共同致力于知识的探讨，给学生以自由发言的信心，始终保持宽松自由的氛围。

3. 适用性问题

案例教学法的优势是很明显的，但也不是没有不足。有学者指出，案例教学法的“缺点或限制包括：应用案例教学法耗费时间和精力，应用案例教学法不利于中等以下程度或低年级的学习者，应用案例教学法仍不如实地经历”。特别是在高校创新创业教育过程中，由于条件和资源的客观限制，更是要充分考虑案例教学法的适用性。

首先，要明确案例教学的目的重在激励学生的创业行为，而不在于对案例进行理论分析。针对这一问题，有学者尖锐地指出：目前在创业教育中优势地位的案例教学方法如果强调理论分析而不是自觉决策和创造性的实验，那么案例教学也是反创业模式的。为了有效避免占优势地位的教学方法蜕化为“反创业”的教学模式，关键在于准确把握开展案例教学的目的与精髓。

其次，案例教学法既不能与讲授法完全对立起来，更不能完全代替讲授教学，而是要与课堂系统讲授相结合。在学生通过课堂讲授系统学习了理论知识之后，在进行综合实践和实训的过程中辅以案例教学，这样才有利于学生通过案例将所学知识串联起来，而且便于主题讨论的展开，有利于学生创造性思维的产生和综合分析能力的提高，从而做到“以例激趣—以例说理—以例导行”。通过两种教学方法的恰当配合，就可以充分利用“案例教学法”具有的实践属性和创新价值导向，丰富和完善讲授法的缺点和不足，实现理论和实践并重、传承与创新并举的全新教学方式。最后，将案例教学、实践调研和多样化创业活动紧密结合。将案例教学向课堂之外适当延伸，将学生分成调研小组，利用课余时间亲自下到企业进行调研。配合这些调研，适当开展小型多样的创业教育活动，如小组讨论、讲习班、网络教学等，在教学过程中，可以邀请校外专业人士或企业家进行客座演讲，积极吸收社会力量参与案例教学，增强案例教学的实效性和针对性。

（二）体验教学法在高校创新创业教育中的应用与创新

创新创业教育是一项理论性、实践性和操作性较强的教育课程，若缺乏教学模式的创新、缺乏创业能力的体验与实践、缺乏具有针对性和实效性的教学方法，创新创业教育便会停留在空洞的理论传授层面。体验式教学法对于破解这些现实问题，切实提高高校创新创业教育的质量和效果具有重要意义。20 世纪 80 年代，美国学者大卫·库伯在总结了约翰·杜威、库尔特·勒温和皮亚杰经验学习模式的基础上，提出了体验式学习圈理论，即通过具体体验、观察反思、抽象概括和行动应用，让学习者投入到一种新的活动安排中。借鉴体验式学习的相关理论，从提升创新创业教育实效性的角度来看，体验式教学法是一种能够让学生亲身体验创业实践过程，仔细观察、认真思考、获取知识，进而促进其掌握技能、指导实践的教学行为和方法，解决创新创业教育的现实困境。

1. 具体应用

在高校创新创业教育中应用体验式教学法的最终目的，是让学生通过体验过程了解创新创业教育的精神内涵，而不是单纯地知道创新创业教育理论知识。这与达尔克罗兹的教育理念有异曲同工之处，该理念强调的是“感知、认知、学习、理解”的协调关联教育方法，并由此构成了达尔克罗兹体验律动教育理念：“在本课程结束后，不能使学生说‘我知道’，而是‘我体验到’。”高校创新创业教育同样强调学生的感知和认知过程，以此作为接受创新创业教育的前提和基础，但最终目的局限于达尔克罗兹教育理论的“学习、理解”，在体验中“验证”创业理论知识并“应用”于创业活动之中，才是体验式教学法的真义所在。

（1）感知体验之头脑风暴法。感知体验强调的是在创新创业教育授课过程中，使学生形成感知。头脑风暴法通过引导学生进行无限制的自由联想和讨论，从而产生新观念或激发创新想法，进而增强感知体验。该方法需要学生群体之间相互作用与影响，形成群体思维，借助联想反映、热情感染、竞争意识，产生思维激荡和碰撞，有助于创造性思维的产生，提升创新意识。

（2）认知体验之管理游戏法。认知体验根据客观存在对学生主观意识进行作用。管理游戏法则通过情景模拟方式，仿真各类创业模式，让学生在较短的时间内了解和掌握实训创业管理方法。对于创新创业教育而言，该方法最直接、快速、有效了解自己经营效果的创新创业教育方法。

（3）验证体验之角色扮演法。通过角色扮演的方式，进行验证体验，是体验式教学法的基础“体验”方法。该方法通过情景模拟的方式，编制一套与实际相关、相似的创新创业环境和活动，要求扮演者用多种方法处理任何可能出现的问题，达到测评学生的实际操作能力、决策能力、领导能力、潜在能力、社会判断能力和心理素质。

（4）应用体验之沙盘模拟法。沙盘模拟训练法主要设定了代表相互竞争企业的沙盘盘面，各盘面涵盖企业运营所需的全都关键环节，将真实运营所处的内外环境抽象为一系列的模拟训练场景，进行实际运营。学生在这一过程中，借助参与沙盘载体、模拟企业经营、对抗企业演练、教师现场评析、学生自我后期感悟等完成一系列的实验环节。融合理论与实践一体、集角色扮演与岗位体验于一身的设计思想，使学生在分析市场、制定战略、营销策划、组织生产、财务管理等一系列活动中，参悟创业管理规律。

2. 主要问题

体验式教学方法以学生的主动参与、探索、操作和自主管理为特征，增强学生自主创业的意识。通过在创业实践教育的具体环节中对学生进行实际模拟操作指导，对学生的创业能力、创业素质等方面产生重要影响。在实践过程中也需要避免学生在积极体验的同时，出现“课上热闹、课下无效”“乐趣很高、效果不好”的体验式迷途。创新创业教育教学中的体验恣意化。在创新创业教育中运用体验式教学法，为了创造、模拟真正的创业环境和创新平台，教师和学生的角色发生了转变：教师从传统的“传道、授业、解惑”转变为教育中的引路人，扮演着导演、裁判、咨询者角色；学生从传统的被动学习者变为自主学习者，扮演着创业者、企业家角色。学生的自主权被无限放大，教师在学生为主体的课堂中成为辅助方和旁观者，容易忽略对于课堂整体的主导和把握，出现恣意化的体验现象。具体表现在言语恣意化、管理操作恣意化和角色体验恣意化。为了避免体验恣意化现象发生，需要教师在学生体验学习的过程中，对于体验走向、关键点位进行及时、有效的引导和点拨。针对言语恣意化，要教师在体验活动开始之前做好引导，使体验活动按照预设顺利开展，在体验活动进行中，随时对学生言语表现进行观测，当言语活动出现偏颇时及时引导或予以制止；针对管理操作恣意化，教师可以做“适当引导”，但不能为了快速实现教育目标而强制学生执行创业活动；针对角色体验恣意化，学生在进行创业体验时，容易出现角色把握不准确、难以融入的问题，需要教师事先选定学生熟悉的创业角色，体验过程中适时做好疏导，避免影响体验效果。

创新创业教育教学中的体验虚假化。在高校创新创业教育中运用体验式教学法，其核心是理论与实践的紧密结合。将先进的教学方法与课本知识相结合，配以看得到摸得到的实例，让学生对创新创业教育有着更直观的认识，这就需要教师在运用体验式教学法的过程中，注重给学生以真正意义上的体验，而不是将体验教学虚假化，变为“走过场”。具体表现在体验模式虚假化和体验感受虚假化。体验模式虚假化，是指教师误以为在创业教学课堂上搞一点儿体验活动即完成了体验式教学，体验式教学法提倡教师通过丰富的教育形式完成教学过程，但并不是单纯将其引入课堂、“走走体验形式”就完成了体验式教学。体验感受虚假化，是指教师在创业活动中，牵引学生进入预设好的创业活动节点，将学生固化在预设好的体验过程中，牵引体验过程、定义体验感受，而不是学生个体在体验过程中自然形成的体验感受。为了从根本上杜绝体验虚假化现象的发生，需要教师深入地了解体验式教学的理论内涵。

3. 促进机制

传统教学一般采用统一标准和固定模式，对教师的教学内容、教学形式和教学效果进行评价；参考固定答案，通过各种考试对学生学习结果进行评价。与传统教育相比，体验教学注重的是学习过程而非学习结果，以往的分数量化评价方式只能衡量出学习者对学习结果的记忆程度，并不能反映学习者的真实体验过程。单一固化的评价衡量标准，已经不适用于多元化发展的现代创新创业教育，需要注重多元化评价，使学生在统一评价的基础上表现出一定的弹性，从而为他们的个性化发展提供空间。体验式教学法应采取多元评价模式，不仅要正确知晓学习者的学习情况，更要对教学过程进行价值判断并为教学决策提供有效反馈：一是对教师的评价中，既应侧重授课内容及授课效果转化，注重案例选择、教学情景设计和以学生为主体的授课效果，又应侧重理论与实践转化，进行全方位培养；二是对学生的评价中，既应侧重教学效果的过程评价，即学生心理历程、交流沟通和理解应用，关注体验式教学过程总的参与程度和参与效果，又应采取包括课堂观察、测试与练习、学生作品评价、学生体验与反思等多元化评价标准，着重评价学生的思维能力和应用能力；三是评价机制的主体应兼顾师生双方，既涵盖师生双方互评，又涵盖教师之间和学生之间的评价，三者各有侧重，以此增强师生参与体验教学过程的程度和感受，进而形成体验式教学法在高校创新创业教育中有效应用的长效机制。

（三）项目教学法在高校创新创业教育中的应用与创新

项目教学法是指学生在教师的指导下，在特定的学习集体（项目小组）中，根据学习兴趣和生活经验提出问题或活动的愿望（项目创意），对活动的可行性做出决策（是否立项），并围绕既定的目标（项目成果）决定学习内容和学习方式，自行计划、实施和评价学习活动的教学活动。其突出特点是以项目为载体，实现各种知识与能力的整合与重构；以学生为中心，培养学生的自主学习能力；以小组学习为主要形式，实现探究与合作学习；以过程和产品为参量，衡量教学目标的达成。在高校创新创业教育中，以真实或模拟的项目为研究切入点，以开展项目为手段，能使大学生通过参与项目的方式激发其创业意识，培养其创业思维和创业能力，丰富学生的创业知识并提高其综合素质。在高校创新创业教育中运用项目教学法，应明确以下4个问题。

1. 明确目标

目前，关于创新创业教育的目标，存在两种功利化的观点：一是狭义地理解创新创业教育，把创新创业教育简单等同于“企业家速成教育”；二是仅将创业作为缓解学生就业压力的权宜之计。创新创业教育作为企业生命周期的一个特殊阶段，有其深刻的意义。一个广为学者接受的观点是创新创业教育应以唤醒学生的创业精神与意识、提高学生创业技能及培养企业家行为为主要目标。本书探讨的高校创新创业教育的基本定位是分群类教，在校内教育部分，既要面向全体学生开展启蒙教育，也要结合专业教育开展嵌入教育，还要针对有明确创业意向的学生开展创新创业管理教育；在继续教育部分，还要针对初创企业者开展教育培训和帮扶。通过开展高校创新创业教育要达到两个基本目的：一方面要让全体学生了解创业的基础知识、基本过程和基本技能，从而在广大学生的内心深处播下创业的种子；另一方面，发现那些对创业有着浓厚兴趣并想在大学期间或毕业后开展创业实践的学生，开展个性化培养，引导学生走上实际创业之路。项目教学法在高校创新创业教育中的应用要努力促进此目标的达成，在4个层次的创新创业教育中均可利用项目教学法来提高教育的针对性和实效性。在面向全体学生开展的启蒙教育阶段，学生的创业意识非常薄弱，因此，可以有针对性地选取难度比较低、学生比较感兴趣的项目，通过引导学生进行自觉性决策和创造性实验来培养其“创业精神”，植入“创业意识”，培养学生“自主工作”和“持续学习”的能力；在与相关专业结合的“嵌入型”教育阶段，要根据不同学科的特点，结合专业特色，选择与学科相关性大的项目来引导学生根据专业特长进行创新创业；在“专业型”创新创业管理教育阶段，要以提升学生创业实战技能、培养实际创办企业的能力为目标，因此要选择知识融合度大（比如同时包含企业运营、组织与行为、市场营销等相关知识）的项目，还可以根据现实中的经典项目改编出需要锻炼这部分学生特殊能力的项目，使其掌握创办和管理中小企业的知识和技能，提高驾驭能力和规避风险能力，从而提升创业成功率；在继续教育阶段，初创企业者本身就拥有一个很好的项目创意，因此应侧重于将项目教学法运用到具体的咨询、培训和服务中，也可以提供以往教学中积累起来的与其项目相关的丰富经验，帮助他们度过企业初创期。

2. 组织形式

项目教学法采用的是团队合作形式，即一定数量的学生和教师共同参与到项目的实施过程中，教师在其中担任指导者的角色，学生充分发挥其自主性，并在教师的帮助下完成学习任务。美国学者彼得·圣吉指出：“当团队真正在学习的时候，不仅团队整体会产生出色的成果，个别成员成长的速度也比其他的学习方式快。”正因如此，团队学习形式是很好的组织实践教学的方式。芬兰于韦斯屈莱应用科技大学的团队创业学园就是很好的例子，在这个学园里“没有课堂，有的是开放的办公区；没有教师，有的是教练；没有班级，有的是对话会议；没有案例学习，有的是真实的项目；没有讲授，有的是大量的学习”。项目教学法满足了创业教育的实践诉求和“学以致用、边用边学”的教学目标，在高校创新创业教育中运用时，需要根据具体情况采用不同的组织形式。一方面，对于全体和各个专业的学生，在让其了解创业的基础知识、基本过程和基本技能时，可以采用普及式教育，即培养具有不同学科背景的广大学生的创业精神和创业意识。中国现存的选修课形式便是普及式创新创业教育的一种。在这种形式中，不同学科背景的学生之间组成的是临时性的团队，这种团队会随着课程实践的结束而解散。另一方面，对于那些对创业有着浓厚兴趣，并想在大学期间或毕业后开展创业实践的学生，采用聚焦式教育，即培养创业人才和创业教育相关师资或研究者。这种模式可以采用固定团队的形式，这种团队的周期长、综合性较强，通过项目的各种活动，形成专业的创业素质和创业理论体系。

3. 项目选材

项目选材是否恰当将直接影响项目教学法在高校创新创业教育中应用的成败。项目选择要以高校创新创业教育的目标为出发点，以教学内容为依据，既要包含教学知识点，又要能调动学生的积极性，让学生在运用所学知识的同时，充分发挥自己的创造力。具体可概括为以下几点：一是所选项目要有针对性。在具体项目选择时，要根据高校创新创业教育的具体目标、受教育学生的学科背景、学生的兴趣点及已掌握的创业技能水平进行筛选。二是项目的可行性。所选项目无论在实践还是资金等其他方面必须是切实可行的。三是项目的综合性。所选项目要涵盖多学科知识，在弥补学生知识空缺的同时，提高学生整合各种知识的能力。四是选择项目要有技巧性。要根据创新创业教育过程不同阶段中学生对创业知识的掌握程度，不断加深项目的难度，在符合学生接受知识规律的情况下，不断提高学生的学习能力和创业能力。

4. 教学效果考核与评价

在项目教学完成后，如何对学生的表现进行考核和评价是一个值得深思的问题。可以采用团队成员自评、成员互评、教师评价的方式，同时还可以根据具体项目类型设置网络投票环节，但这些过程都需要有一定的监督措施。评价标准可以由团队练习表现、文献学习和研读、实践环节表现 3 个部分组成。团队成员根据自己团队完成创业教育目标的情况，同时结合自己在团队中的表现，是否掌握了创业相关知识和技能来对自己做出评价；为了防止恶意评分的出现，互评可以采用去掉最高分、去掉最低分的方式计算评价结果；教师根据学生个人及所在团队的表现，给出评分；网络投票环节要严格把关，可以设置投票限制条件，比如只有本校学生才能投票。为了评分更加合理，可以选择部分创新创业领域专家，采用层次分析法计算出每一项的权重，对以上 4 项评价结果进行加权求和作为综合考核结果。

第二节 高校创新创业教育的科学评价

评价是改进、提高的基础，高校创新创业教育的质量和水平要得到持续的改进和提高，必须以科学评价为基础。由于高校创新创业教育效果评价存在着突出的“时滞效应”，所以必须清楚高校创新创业教育的作用机制和有效的边界条件，不能仅凭思辨来选择评价指标。加强评价体系建设的当务之急在于创建与高校创新创业教育特征相匹配的教育效果评估方案，充分考虑主观和客观指标、短期和长期指标等特殊因素，形成模块化评价指标体系。本章具体探讨了数量评价、个体发展水平评价和纵向综合评价3个问题。在数量评价方面，探讨了“创业率”评价的问题与改进措施，认为不能单纯以应届毕业生的创业率这一数量指标来评价创新创业教育效果；在“个体发展水平”评价方面，认为需要建立评价指标，对创业意向和创业能力进行评价；在纵向综合评价方面，深入研究了当前比较前沿的基于“计划行为理论”的纵向综合评价方法，对其评价指标选择和体系构建进行了深入研究。在此基础上建立起与高校创新创业教育相匹配的价值导向、质量标准和评价方式，进而形成全新的评价观。

一、“创业率”评价的现状、问题与趋势

（一）“创业率”评价的现状

社会上之所以用大学生毕业时的创业率来评价创新创业教育效果，是因为近些年来国家高度重视高校的创新创业教育，为创新创业教育持续投入了大量的人力、物力和财力，其目的就是要达到以创业促进就业的目标，这些举措认可的基本理论假设是经过系统的创新创业教育，大学生毕业时创业的比例应该有显著提高。但是，实际的情况却不像设想的那样理想。麦可思的报告显示：2008年大学毕业生自主创业比例，211院校为0.54%，非211本科院校为0.73%、高职高专院校为1.36%。不能凭想象认为211院校的创新创业教育比非211本科院校和高职高专院校的好，但是中国的211院校在整体实力上强于后两类高校，社会对211院校的创新创业教育寄予更高的期望也是非常正常的。因此有学者认为，“即使是创新创业教育实施得比较好的学校，毕业生创业率仍然很低”。

（二）“创业率”评价的问题

“创业率”的概念一经提出，就受到了社会各界的关注，其中不乏尖锐的批评和深度质疑。有学者认为：“从测量角度看，创业率指标因为简单、可比而显示出实用性。这可能在市场经济发达的欧美国家较为适用，但是否适应中国背景下高校大学生创业教育效果的衡量，就很值得商榷了。”之所以出现这种情况，主要原因在于社会高度关注的“高校毕业生创业状况”是衡量高校人才培养质量的重要指标，因此它必须客观地反映毕业生创业的全面情况。创业率仅仅是指已创业人数在全体毕业生人数中所占的比例，这只是一个数量指标，只是创业状况的一个方面，缺乏更为重要的质量维度，不能够全面反映高校创新创业教育的整体质量。

“创业率”指标确实存在着明显的缺陷，但这是否说明用这一指标来评价创业教育的效果是错误的呢？笔者不这样认为。因为使用这一指标：一是可以看出

中国高校毕业生毕业时选择创业的一般状况，可以作为反映高校创新创业教育实际效果的一个维度（不是全部）；二是从这个指标可以看出除了创新创业教育之外，创业环境对于大学生创业的实际影响；三是从这个指标可以看出与美国等国家相比，中国高校创新创业教育“时滞效应”的严重性和改进程度。所以，“创业率”这个指标并不错误，关键是不能用它作为评价高校创新创业教育状况的唯一指标。所以，对有学者提出的“教育主管部门每年应在主要媒体同时公布高校创业率前十名、创业率后十名和就业率前十名、就业率后十名”感到甚为不妥，而对同样是这位学者提出的“教育主管部门应将毕业生‘创新创业状况’同‘就业状况’一并列为高校办学水平和人才培养质量的重要评价指标”却感到甚为可行。因为“创新创业状况”是一个综合指标，它包含“创业率”，但不只是“创业率”，这就有效避免了单一量化评价指标带来的诸多不利影响，会对包括高校创新创业教育在内的各项工作产生健康而积极的促进作用。

（三）“创业率”评价的趋势

为了从根本上解决“创业率”评价存在的问题，增强“创业率”的解释力，学者们在多方面进行了深入探讨。

有学者提出了“时滞效应”理论，“所谓创业教育的时滞效应，是指从接受创业教育，到实际创业之间，有一个相当长的时间延滞”。笔者认为，“时滞效应”只能说明一部分事实。首先，美国大学生的创业率明显高于中国，这就促使人们思考这样的问题：难道美国高校创业教育就没有“时滞效应”吗？这一问题的正确答案是：“有，但没有中国严重。”继续思考中国高校创新创业教育的“时滞效应”为什么这么严重呢？这又使人们深刻认识到，“时滞效应”不能使高校创新创业教育完全“避责”，中美之间的对比和差距提醒人们必须努力改进创新创业教育。与此同时，也要跳出教育的小圈子，去思考造成中国创新创业教育“时滞效应”严重的现实成因，难道仅仅是中国高校创新创业教育自身的原因吗？社会的创业环境因素又需要做哪些相应的基本改进呢？其次，有学者根据“时滞效应”理论，发现“企业创办者的平均年龄为33~35岁，大约在完成大学教育10年之内创业”，并据此认为创新创业教育评价应该是纵向的长期评价。这里面实际上隐含着纵向长期评价的有效性问题，也就是说，大学生从毕业到创业这10年左右的时间里，进行着社会实践和继续学习，这些活动都会对大学生的创业行为产生深刻影响，在施测上不可能把这些影响与创新创业教育进行有效分离，也就不能把大学生毕业后10年产生的创业行为全部归因为创新创业教育的“时滞效应”。

鉴于“创业率”评价指标的局限性，建立全方位的质量评价方法和指标体系成为有效开展创新创业教育评价的基础和前提。很多专家学者在这方面进行了深入的探索与实践。笔者比较认同创新创业教育评价应是一种综合性评价，“宜粗不宜细、宜简不宜繁”，本着这一原则和思路，笔者认为当前可以进行实际操作的是创业教育的个体发展水平评价。

二、个体发展水平评价的现状、问题与趋势

（一）个体发展水平评价的指标维度

在个体发展水平评价方面，同样有数量和质量两个维度。在数量评价方面思路要更开阔一些，不能只评价学生创办了多少企业、创造了多少工作岗位、学生创业的收入情况等显性指标，而要立足“大创业教育观”，实现创业教育与就业教育的衔接联动，把学生的就业率、在就业岗位上的发展情况、收入情况等都作为评价参考。

在质量维度方面，由于创新创业教育涉及学生综合素质的培养和提高，在这方面有很多指标可供选择：既包括个体的主动学习精神和终身学习理念的确立，也包括个体在意识、个性、能力、知识的形成和掌握方面的提高和发展；既包括参加创业的社会实践情况，也包括是否能在创业实践中获得一些经济和社会效益；还包括是否明显增强了对社会生活的适应性等。但是问题的关键是如何对这些素质的培养和提高进行有效的测度，并建立起这些因素与创业教育的直接或间接关系。为了达到这个目的，必须删繁就简，以一两项核心指标评价为基础，进行创新创业教育的有效评价。

有学者提出了“内生变量”和“外生变量”的概念，认为应该从“内生变量”的角度，比如使用大学生创业意向和创业能力指标来评价高校创业教育状况可能会更加客观一些。以创业意向和创业能力这两项“内生指标”来评价高校创新创业教育，确实能够有效地反映出创新创业教育的实际效果，但问题是创新创业教育评价是一个巨大的系统工程，这两项指标也只能测评部分短期效应，而对于整体效果和长期效应则无能为力。创业意向和创业能力指标也需要在实践中不断完善和改进。

（二）创业意向评价的现状、问题及趋势

1. 创业意向评价的现状

创业意向是引动创业行为的意识和心理机制，创业意向研究在国外已有20余年的历史，而该研究在中国而言仍为新兴领域，将国外与国内创业意向评价的现状整合考察，才能从总体上看创业意向评价的整体状况。

国外创业意向研究在充分进行基本理论研究与实践现实应用之上更加关注创业意向评价的具体测量指标，主要表现为以下3个方面：第一，关注创业教育对

创业意向的影响，着重从人力资源理论和创业自我效能视角出发探究创业教育对创业意向的正负向作用；第二，关注性别差异对创业意向的影响，尤其关注基于不同性别的个体创业自我效能的提升与实现；第三，关注角色模型对创业意向的影响，探究榜样示范力对创业意向的推动作用。

中国相关领域学者基于中国本土创业意向研究的特点，重点考察创业意向维度结构、影响因素及现状调查3个方面。在创业意向维度结构上，从创业意向的概念界定出发对维度结构进行实证分析，探索出需求性、可行性和行为倾向三级模型。在创业意向的影响因素上，国内学者虽选取不同的研究对象、视角及工具等，但归纳而言主要涉及个体的人格特质、背景因素、环境因素和自我效能感等变量。虽然研究对象、视角和工具选取不一，但有关大学生创业意向的调查研究依然取得相当成果。

2. 创业意向评价的问题

首先，创业意向的内涵研究有待深化。作为研究创业意向的前提性依据，当前有关创业意向的概念和内涵没有在学界形成统一认识，这为进一步深化和拓展创业意向研究的深度和领域带来了相当困难。创业意向的含义界定个性化、创业意向术语使用混合化、创业意向维度结构模糊化等，都需要创业意向研究的基础理论从根本上创新。其次，创业意向的测量研究有待统一。由于学界目前对创业意向的概念和内涵尚未形成统一的共识，创业意向在基础理论、前沿拓展等方面的研究不成熟，导致创业意向研究从多人出发、形成多种问题意识、有多种探索表达，集中表现为研究工具、统计方法、监测手段的不一致。再次，创业意向影响因素模型有待完善。构建创业意向影响因素模型是了解创业意向生成机制和干预方法的基础。虽然当前对创业意向影响因素的研究取得了一定进展，但向纵深发展依然是当前工作重点，应该进一步探究多个个体性变量及非理性认知对创业意向的作用、自我效能感等变量对创业意向研究的影响。

3. 创业意向评价的趋势

（1）开展跨国别、跨文化比较研究。比较研究的重点在于在不同文化间寻求能够在新场域建立的间性因素，而作为国外成熟、国内新兴的创业意向研究，以世界的全球化和民族的宽领域为基础，探索不同国别、不同文化的创业意向比较，对于不同文化背景的创业意向影响、不同环境因素的创业意向构建、不同生态氛围的创业意向机制的发掘具有重要意义。

（2）建设实效性创业意向研究机制。当前创业意向研究的基础理论和实践应用有待深化，而能够推动创业意向研究的基础性工作是建立国家框架，为创业意向研究提供统一测量标准，并提供一个国家关于创业意向内涵及结构的权威性界定，从而推动创业意向研究在基础理论和实践应用等领域的拓展。

（3）强化潜在创业者创业自我效能。在创业意向研究中的关键中介因素即为“自我效能感”，这一个体性因素是了解创业行为的中心点和观测创业行为的最佳指标。由于人对自我的效能期望，才能由内在机制产生创业的兴趣和动力，并向外拓展为创业行为。由此，以恰当的创业教育对自我效能感进行合理引导是促进个体自我效能发展出最大价值的重要途径。

（三）创业能力评价的现状、问题及趋势

1. 创业能力评价的现状

目前，创业能力评价的研究主要聚焦于创业能力结构模型的构建。学者们一般是在创业者、企业家及相关专家访谈基础上，初步确定创业能力的要素，进而通过问卷调查和一定的统计分析方法，确定创业能力结构模型。比如，唐靖、姜彦福等学者认为创业能力由二阶六维度构成，即机会能力、运营管理能力为一阶维度，机会识别能力、机会开发能力、组织管理能力、战略能力、关系能力和承诺能力为二阶维度。此类研究中，重大攻关项目“大学生就业创业教育研究”的相关探讨更有代表性，该团队在学生访谈、创业典型分析、文献分析等基础上，运用结构模型研究方法，基于全国范围的大数据调研，构建了大学生创业能力结构模型，认为大学生创业能力模型包括基本创业能力、核心创业能力、创业人格和社会应对能力 4 个基本维度，这一研究成果奠定了创业能力评价的基础，具有重要意义和价值。

2. 创业能力评价的问题

一是亟待加强创业能力国家框架的研究与探索。国外学者最初也比较注重创业能力结构模型的构建。比如，钱德勒和汉克斯认为，创业能力包括识别与利用机会的能力、概念性能力、坚持不懈的能力、人力能力、政策性能力、技术能力等六大维度。曼恩和刘构建了包含机会胜任力、关系胜任力、概念胜任力、组织胜任力、战略胜任力和承诺胜任力的六维创业能力结构模型。但这类研究与中国目前面临的困境类似，即有限的研究对象和特定的研究目的，制约着创业能力模型的科学构建。美国、英国、澳大利亚、加拿大等 17 个国家已经将就业创业能力作为国家战略进行深入研究，并形成了较为完善的就业创业能力结构的国家框架，从国家层面确定了就业创业能力的结构。二是创业能力过于关注单一的问卷自评式方法的研究与实践。创业能力评价需要指标体系作为参照，但也不是仅靠指标体系和问卷测评就可以完成。创业能力模型或者说指标体系更大程度上是一个规范性的指引，如何使用这个指标体系涉及创业能力评价方法的科学性问题，这方面还没有引起足够重视。

3. 创业能力评价的趋势

一方面是要把创业能力作为国家战略，整合优势资源和力量，构建中国创业

能力国家框架，更为创新创业教育提供重要参数；另一方面，要进一步深入研究创业能力评价方法，基于创业能力国家框架构建一套科学有效的创业能力评价方法体系。在这方面有学者做了探索。比如，从创业能力分类培养的角度提出应该对大学生的创业能力进行综合性的、过程性的评价，认为创业启蒙阶段，应该采用量化测评的方式，对所有大学生的创业能力进行全面评价，了解各种具体能力的强弱；创业预启动阶段，当少部分学生决定创业时，要采用民主评议的方式，帮助学生分析各种创业类型需要的特定的核心能力，同时采用量化测评的方式评价特定能力的强弱；在学生创业初期，要采用专家诊断法，对学生在创业实践活动中表现出来的能力进行评价。这对优化创业能力评价很有启发意义。

三、纵向综合评价的现状、问题与趋势

纵向综合评价主要应用“计划行为理论”对创新创业教育前后态度与行为变化的情况进行有效测度，并进行长期跟踪，做纵向比较研究。由于计划行为理论具有良好的解释力和预测力，它能够提供形成行为态度、主观规范和知觉行为控制的信念，而这些信念是行为认知和情绪的基础，通过影响和干预这些信念，可以达到改善甚至改变行为的目的。

（一）纵向综合评价的现状

创新创业教育存在广泛性、分散性与持续性的突出特点，对学生产生多方面影响，深刻影响和改变受教育者的创业行为、技能和态度。三者当中，评价技能相对容易，而评价行为和态度的变化就非常困难了。行为和态度的变化既有短期的表现，也有长期的效果，如何对态度与行为变化的情况进行有效测度，并进行长期跟踪和纵向比较研究，是一个极大的难题，需要借助有效的评价工具。计划行为理论提供了基于创业意向考察的创业教育系统化评价指标，对创新创业教育评价的发展有一定的借鉴意义。

计划行为理论是社会心理学中最著名的态度行为关系理论，该理论认为行为意向是影响行为最直接的因素，行为意向反过来受态度、主观规范和知觉行为控制的影响。法约尔等学者引入计划行为理论对创业教育项目进行评价，根据计划行为理论 3 个核心要素——指向行为的态度、主观规范、知觉行为控制，设计了包含 6 项内容的综合评价指标，形成了系统化指标，这些指标综合评价了创业教育项目的纵向影响。对于这个评价体系，法约尔等学者认为有两点特殊之处：一是它是一个对创业教育效果进行纵向评价的一个相对的（而不是绝对的）方法；二是它是计划行为理论的一个特殊用法，不是用作创业行为的预言者，而是作为一个评价框架与其他评价体系相比，这个评价方法聚焦于创业项目的影响，主要是根据学生创业态度和心态的革命性变化，而不是仅仅根据创办企业的数量来评

价创业教育的效果。这就从根本上解决了一个问题，那就是有效地避免了学生参与创业教育项目原因单一设想，学生参与创业教育项目不只是对创办企业感兴趣，也可能是通过接受创业教育来提升创业意识和改变心态。当然，这个评价方法对于创业教育项目的社会、文化和经济影响也是开放和包容的。

（二）纵向综合评价的问题

里查德·韦伯深入探讨了运用“计划行为理论”进行纵向综合评价时在理论与应用两个方面遇到的挑战。在理论方面，计划行为理论面临的第一个挑战就是充分性问题。针对充分性的质疑主要集中于3个方面：过去行为、自我认同和预期情绪。过去行为的频率不足以用来解释未来行为的表现。为了证明目前的行为受到了过去行为的影响，必须回答这样的问题：为什么一个人在过去会采取某种行为方式；现有针对自我认同的衡量标准并没能提供新的见解，也没能被应用于计划行为理论已有的3种态度因素之中；计划行为理论经常因否认情感或情绪反应的影响，被批判“过于理性”，预期情绪反应也会对意向和行为有直接的影响。但是，这个因素并没有为计划行为理论增添价值。第二个挑战就是关于理性的问题。计划行为理论被认为过于理性，它强调对操作模式的谨慎运用，忽略了直觉和自发的模式。由于与这一理论有关的行为模型都来自信仰个人主义的西方国家的分析，因此人们质疑计划行为理论是否也可用于对非西方文化的分析（如一个更加倾向于集体主义的文化）。

在应用方面，计划行为理论面临的主要挑战就是研究方法的有效性问题。首先，问卷设计是否具有良好的效度；其次，是自陈报告有效性问题，自陈报告会表现出一些缺陷，因为受访者具有主观性，或出于对社会期望的考虑，他们可能遗忘了过去的行为，或者并不会准确地陈述过去的行为；最后，若使用问卷调查，也会出现“天花板效应”和“地板效应”。

（三）纵向综合评价的趋势

一是充分认识大学生创新创业教育评价的特殊性。计划行为理论在一定程度上可以测度从接受创业教育到真正产生创业行为的关系，这就为有针对性地设计兼顾长期与短期效果评价的评估方案提供理论支持。计划行为理论认为人的行为受到性格、经验、教育、家庭、年龄等综合因素的影响，这些综合因素通过影响人的态度间接地影响人的行为。这就要求在创业教育评价指标体系建立过程中，必须从创业教育主体出发，考量其创业意识、创业精神和创业能力上的各种变化。

二是全面研究创新创业教育效果的评估标准。创新创业教育对学生产生多方面的影响，总体来看，创新创业教育会深刻地影响和改变受教育者的创业行为、技能和态度。利用计划行为理论可以通过科学有效的方式对上述 3 个方面进行全方位的教育评价。艾伦·吉布将创业教育划分为 3 种类型：一是"学习关于创业的知识"；二是"为了创业而学习"；三是"经由创业或在创业的过程中学习"。学习体验是连接三种类型创业教育的桥梁和纽带，可以推动"学习关于创业的知识"过渡到"为了创业而学习"的阶段，进而开始真正地"经由创业或在创业的过程中学习"。因此要彻底改变单纯以学习成绩来评价教育效果的方式，根据创新创业人才培养目标，探索既包括学生创业参与率、成功率，也包括学生岗位创新；既包括数量统计，也有质量评估的科学多样的评价标准体系。

三是构建创新创业教育质量评价指标体系。就学生个体而言，注重个体的指向行为的态度、主观规范、直觉行为控制等计划行为理论中的 3 个核心要素；就课程教育建设而言，坚持以系统论思想为指导，进一步构建模块化评价指标体系，从而实现综合评价与单项评价功能的有机结合。尤其在探讨创新创业教育质量评估方面，注重与专业教学质量评估、教学管理评估、学生学习状态与效果评估相结合，形成常态化评价机制。

四、创新创业教育评价的发展趋势

（一）建立正确的评价观

做好创新创业教育评价必须明确一个基础性前提性问题，就是评价观问题。评价观决定着评价的目的、内容和方式，开展创新创业教育评价必须首先确立正确的评价观。

高校发展创新创业教育初始动力是通过创业来促进就业，创业具有就业的倍增效应，经过持续努力，以创促就成效显著；当前在以创促就的基础上，创新创业已经成为经济发展的驱动力量。"大众创业、万众创新"已经蔚然成风，其价值导向是在全社会厚植创业文化，营造鼓励创业、尊重创造的社会文化氛围。不论是以创促就还是创新驱动，均应以培养创新创业型人才为根本，这是正确的价值导向。从长远眼光来看，创业是推动一个国家或是一个区域持续快速发展的原动力，创新创业教育是提供这一源动力的"发动机"，这是被经济、管理、教育界学者反复证明了的。所以在评价创新创业教育的效果时，一定要立足长远，不能急功近利，不能看得太近，不能评得过急，既要看到创新创业教育对于学生实际创业的促进和帮助，也要看到创新创业教育培养学生形成的独特的思考和行动方式，不仅适用于商业领域，而且可以广泛应用于其他领域。从这个角度来评价创新创业教育，就超越了技能培训的视角，而是把创新创业教育作为一种教育的理念和模式来衡量，这是正确的评价价值取向。

在正确的价值导向的指导下，创新创业教育评价应该遵循 3 个基本原则。一是过程性原则。要准确把握高校创新创业教育的若干核心环节，对课程体系、模拟训练、市场体验、实操实创等环节进行全程监测，确保学生在每一个环节都学有成效，对于评价效果不好的环节，要及时改进。二是长期性原则。创新创业教育的效果长期存在，动态呈现，需要关注学生的长期发展，注重对学生的跟踪评价，进行及时反馈。评价体系的构建必须突出层次、抓住重点，不但要考虑创业教育的目标，还要考虑外界环境等综合因素，着眼于综合创业能力的提高。三是多重性原则。要将教育效果与学校办学特色、人才培养目标和学生个体实际等多个维度统筹考量，不能用唯一标准衡量。只有坚持多重性的原则，才可以全面了解大学生创业意向的趋势，从而为科学制定创业政策提供依据。

（二）制定科学的质量标准

高校创新创业教育具有突出的实践性特征，这不但要求在教育过程中突破精英化、理论化教学模式的约束，强调理论与实践的紧密结合，广泛采用“做中学”的实践教学方法，而且要在教育评价时采取与之相匹配的评价方法。试想，如果教学过程是“实践取向”，而评价方法是“应试取向”，那么不但会消解教学的效果，还会影响学生的积极性和主动性，最终束缚了学生在亲身体验中寻求解决问题方法的创造力。为了解决这个问题，必须确立全新、科学、全面的质量标准。对于创新创业教育来说，考核一个学生的学习质量，不是单纯看个人的知识掌握程度，而是要看学生感悟知识和运用知识的水平；不是鼓励学生埋头于知识的记忆和储备，而是要推动学生积极投身于更为广泛的思考与实做的社会天地，在实践中培养和锻炼学生的创新精神，进而考核创新创业教育总体培养质量，也不能单纯看创办企业和创造岗位的数量，而是要看创新创业综合素质的提高，看创新能力的培养，看创业精神的养成。完备的创新创业教育质量评价指标，既要包括个体的主动学习精神和终身学习理念，也应涵盖个体意识、个性、能力、知识等方面内容，还应包括个体参加创业实践等内容。

（三）正确选择评价的时点与内容

由于高校创新创业教育具有比较明显的“时滞效应”，创业数量、生涯满意度、对社会经济发展的贡献等项指标，往往不能在创新创业教育项目开展期间或者结束之后立刻进行测评。所以，正确地选择评价的时点和相应的评价内容就显得尤其重要。有学者根据学生接受创业教育的实际效果，将创业教育的评价指标分为“短期指标”和“长期指标”两类，认为“不同时间段的创业培训项目应用不同评价指标体系。在创业教育项目刚刚结束时，用行动意向、知识和技能的获得和创业自我诊断能力的发展等指标来评价，而在创业教育项目结束 10 年后来考察其效果，则可以用对经济和社会的贡献、商业表现和工作满意度水平来测量”。Block 和 Stump 研究出一套基于时间的纵向评估指标，他们将创业教育评价细分为5个时段，在每个时段分别评价不同的内容。在创业教育学习期间，主要评价学生的报名数、课程数目和对创业的一般意识与兴趣；创业教育结束后不久，主要评价学生行动的意图、对知识与技能的掌握和创业的自我诊断能力发展情况；创业教育后的5年内，主要评价创业的数目、收购企业的数目和创业者职位的寻求和获得数目；创业教育后的3～10年，主要评价公司的声誉与可持续性、公司的创新与声誉级别的转换能力；创业教育10年以后，主要评价对社会和经济的贡献、商业表现和对职业的满意度。这样一种细分时段、细分内容的纵向评价方式可以更加准确地反映出创新创业教育的影响力。

（四）科学把握发展趋势

一是评价的取向由经济效应转向个人效能。创业教育的兴起与促进社会经济发展密不可分，因此在创业教育评价初期都以创业教育的经济效应作为取向，例如，通过参加与没有参加课程的人的比较来评价创业课程的经济效应，参加过创业教育的学习者是否引发其创业意向，或者更直接一点用参加过创业教育学习者创办企业的数量或创造的就业岗位数量来评价创业教育。2004年开始，由于认识到创业教育效果的时滞性，研究者越来越认识到在宏观经济层面上利用创办的企业数量和创造的就业岗位数量等数字作为评价创业教育的标准不科学，并将评价的取向由经济效应转向个人效能，这是让创业教育评价回归教育本身的巨大进步。研究者和评价的实施者将关注点更多地放在创业教育对个人效能的影响上，而非创业教育创造了多少经济财富，在这样的评价取向下，自我效能评价方法、认知方法和行为方法成为近年来创业教育评价的主流。

二是评价的模式由结果评价转向过程评价。在创业教育评价模式方面，国内外存在较大的差别。从已有的研究和评价实践来看，国内对于创业教育评价模式研究略显不足。绝大多数研究者避开评价模式，直接抛出大学生创业评价体系的构建，甚至简单地以指标体系的构建来取代对于评价体系构建的论述，只有少数研究集中在创业教育评价模式方面，在创业教育评价研究的系统性上有较大的空间。造成这种情况的原因是国内教育评价研究的范式主要以“指标量化评语描述”为主要模式，多数研究者和评价实践者忽略了对其他模式的批判与借鉴。

国外教育评价已经发展到第四阶段，这种评价理念的迭代不是后者取代前者，而是“齐头并进，各自发展”。常见的评价模式有“行为目标模式”“CIPP模式”“目标游离模式”“消费者导向模式”“应答模式”“反对者模式”“响应式建构模式”等，这些模式都经过了深入的理论探索与评价实践的改善。教育评价模式的研究成果应用在创业教育评价领域，更多的是对创业教育全过程的评价，而不是某一时间的结果评价或水平评价。评价目标不同模式的选择也不同，但近年来从创业教育评价发展的趋势来看，评价模式的选择排斥评比性、绩效性和批判性，而更倾向于诊断性、扶持性和协商性。基于此，对国外创业教育评价模式的借鉴，更加有利于中国现阶段创新创业教育评价的开展。

三是评价的方法由单一转向多元融合。不同的评价模式对应不同的评价方法，创业教育评价发展初期多以层次分析法构建评价指标体系，用同行评议法、专家法、问卷调查法或德尔菲法等进行评价实施。随着创业教育模式的多元化，创业教育评价的方法也呈现出多元化的发展趋势。特别是随着计算机信息技术的快速发展，大数据的概念引入到创业教育评价领域，创业教育的评价方法已经不局限于教育评价领域固有的方法，越来越多的其他学科的理论和方法被引入到创业教育评价领域。其中，心理学的能力评价量表、工程学的 QFD（质量功能展开）、行为学的计划行为理论及统计学、人口学的一些方法成为目前创业教育评价领域的前沿方法。创业教育评价的研究者和实施者，在评价的过程中不再单一地使用一种方法，转而尝试不同方法的融合，这种融合体现在创业教育评价不同阶段，不同的评价方法之间的彼此顺接或相互验证。评价方法的多元化繁荣了创新创业教育评价的理论研究与实践，促进了创新创业教育的深入发展。

附 录

附录一 创业型大学创业教育三维模式的有益探索

世界“创业型经济”时代的到来，使得大学的社会服务职能日益突显。在建设创新型国家的大时代背景下，浙江农林大学紧紧抓住历史机遇，在2010年提出：到2020年把学校初步建设成为国内知名的生态性创业型大学，培养生态性创业型人才。

中国经济社会的发展呼唤更多的创业型人才出现，学校在培养创业型人才上，大力推进创业教育，创新人才培养机制，积极探索，大胆实践，重点建设“一站、一园、一班”，即大学生创业指导站、大学生创业实验园和大学生创业教育试验班三者相互联系而又相互依托的有机体，初步形成了以创业型人才培养为实质内涵的创业教育三维模式。

一、更新理念，把创业教育工作纳入学生成才体系

创业教育既是一种教育思想，也是一种全新的教育模式。创业教育集理论和实践为一体，体现了素质教育的内涵，突出了教育创新和对学生实际能力的培养。

学校针对目前大学生创业的现状和工作实际，及时调整指导理念，将创业教育工作纳入学生成才体系，成立大学生创业教育领导小组，负责学生创业教育课程体系的制定、实施与考评，学生创业实践活动的针对性指导，协助解决创业难题，以及相关政策的制定。

以“创业、创新、创优”为口号，鼓励学生释放激情，积极创业的同时，要脚踏实地，联系实际；提倡学生展示个性，求异创新的同时，要稳扎稳打，注重实效；教育学生做大做强，力争最优的同时，要内外并优，整体进步。一方面注重通过培训使部分学生由被动的就业观念转变为主动的创业观念，鼓励他们将创业作为自己的职业选择，另一方面注重提高指导实效，不仅要培养学生的创新精神、创新意识，而且要培养学生的创业能力和创新能力，让学生切实体会到创业过程中的自我成长和价值实现，把创业作为成才的一个途径坚持下去。

二、结合实际，建立创业教育实施载体

建设大学生创业指导站（以下简称指导站）并推进大学生创业教育工作是学校积极响应极响应党中央提出的“提高自主创新能力，建设创新型国家”“以创业带动就业”指示精神的一项重要举措。

自指导站成立以来，学校结合自身实际，在指导站场地、人员、设施、经费、职责、制度以及其他方面都做了大量的工作并取得了较好的成绩，做到了指导站建设的“六到位”，设施完备、职责明确、运行有序、服务到位、作用明显，促进大学生创业的工作平台和服务渠道建设，发挥了指导站联系大学生、创业导师、企业和政府有关部门的纽带和桥梁，很好地推动了学校大学生创业教育工作。

（一）深化创业教育理念，推进创业教育的开展

指导站的工作从转变教育观念、课程建设、培养模式、实训实践等方面入手，结合《大学生就业指导》中的创业课程部分对大学生进行普适型的创业教育。通过创业意义、方法的教育和引导，帮助大学生自觉地树立创业教育观念，引导大学生积极投身于自主创业之中，培养新一代的大学生所应具有的开拓创新创业精神。

开展多层次的创业讲座（报告）来使创业的政策宣传落实到位。开辟专门的创业工作宣传栏，结合展板展示和宣传单页，多渠道发布创业政策信息和创业项目展示，适时更新宣传内容、确保学生及时了解最新的创业政策和相关动态。开办滚动式创业实训培训班，提高大学生创业的能力。

注重发挥典型作用，动态收集大学生尤其是毕业生的创业典型事迹和创业项目内容；并将创业项目和典型创业事迹内容写进橱窗进行展示。同时，积极开展多种形式的创业教育活动，如组织大学生创业计划大赛，创业者诚信教育、创业论坛（沙龙）等形式来强化大学生树立科学的创业理念，激发广大学生学好知识、用好知识的动力。

（二）加强师资队伍建设，组建高水平教学团队

一支素质优良、架构合理且相对稳定的师资队伍，是提高创业教育质量的前提和基础。

综合运用“选、训、聘”的手段来加强改善师资队伍结构，提高师资水平。“选”，全校遴选一批具有创新创业指导能力的教师担任创业基础指导课堂教学老师；“训”，组织教师 SYB、KAB 和全球模拟实训等创业师资班培训，经过培训后，指导学生创业实训课程。“聘”，聘请一批著名企业家、杰出校友、创业

成功人士等作为导师，邀请其来校开展创业讲座、创业论坛、创业沙龙等创业教育活动，形成创业教育大讲堂。

（三）整合社会经济资源，拓宽校外创业的渠道

结合所在地方经济开展创业教育，选取优质企业为学生提供挂职实习和锻炼的机会，为学生提供多样化的实践教学平台，在专业训练与创业之间搭建桥梁；邀请地方成功企业家做学校的兼职创业导师，为学生提供实用的创业指导，使学生在校期间就能将管理理论与实务对接，提高对社会的适应能力和就业竞争能力，塑造企业家人格；推动以学生资金入股的方式与地方企业相关项目对接，融入地方，服务地方，与地方经济结合。

三、开发优势，提供创业人才实践平台

大学生创业实验园（以下简称创业园）是创业教育的最佳实践平台。学生创业团队可以通过申请并通过学校准予后入驻创业园，亲身体验和经历创业的全过程。

（一）推进创业园硬件条件建设

学校创业园在2009年5月完成初步建设并投入运作。创业园地处校园内，共约130平方米，为入驻团队免费提供办公场地及三通（水、电、网络），并下发学校的创业启动金和相关资助，降低学生创业企业的初创成本。

（二）倡导创业者精神树立

学校将第一课堂里的教育延伸到创业园内，倡导企业家的社会责任感和艰苦创业的精神，每一个入驻创业园的创业团队都有他们的团队理念和团队精神。比如：杭州恩和科技教育有限公司的团队理念是“感恩、平和、学习改变自我”；杭州风尚墙绘装饰公司的团队精神是“敬业、创新、品质”。以创业团队的创业案例为开展创业教学提供丰富的素材。结合第二课堂的作用，鼓励创业学生积极投入于各种专业竞赛、科研活动、创业设计竞赛等活动。

（三）实施导师制实践模式运行

创业园采取创业项目导师制的实践创业人才模式。聚集了一大批有一定理论水平和企业经验的创业导师带领学生结合所学专业，以创业项目为载体，在真实的“公司”环境中，深入岗位，增长创业能力，提高创业的综合素质。促进学生与企业家的交流，帮助学生在实践中锻炼动手能力，实现创业教育的目的。

自建园以来，共入驻创业团队78支，其中16支团队经创业园孵化，已经成

功工商注册。

四、分层推进，实现创业精英全能培养

对所有大学生实施创业教育的过程中包含了实施对象个性特点各有差异的现实。学生的创业意愿和创业潜质不同；对创业教育内容、目标的理解不同；所学专业、知识基础不同；因而对创业教育的内容需求是各有侧重的。

学校开设的大学生创业教育试验班（以下简称创业班）就是在普适型的创业基础上，开展的提高型创业教育。创办创业班本身即是一个创业的过程。创业班在本科二年级末招收 30 名有创业意愿和创业潜质的学生，三年级开始学校集中优势资源对这一创业者群体进行培养。这不仅有利于提高创业教育的质量，还有利于节省创业教育的资源，提高创业教育的效率。

（一）确立人才培养目标

在人才培养目标的确立上，创业班的视角面向企业和社会，注重培养学生的创业基础知识和“创新、创意、创业”能力。不仅要培养可以创办新企业的人，还可以在现有的企业或企业部门中开创新的工作领域。并且具有创新、责任、奉献、坚持、宽容等企业家精神的创业型人才。

（二）构建人才培养模式

学校为创业班配备了一批理论知识丰富且有一定创业实践经验的高素质教师队伍进行系统指导。创业班采用“创业基础教学+创业模拟实训+创业实岗实践”三位一体的创业教育模式，促进学生掌握创业基本知识、技能，提高创业素质与创业能力，引导并支持大学生投身创业实践活动，并积极利用校内外优势资源扶持其创业项目的运作。

大学生创业教育试验班教学内容由基础教学课程、模拟实训课程、实岗实践课程三部分组成。

基础教学课程主要设创业学、创业管理学、创意与策划、创业项目评估、创业案例研究六门课程，分三学期完成。以课堂教学为主，突出案例教学，采用师生互动讨论等适宜于创新创业人才培养的教学方法，在传授知识的基础上培养学生主动获取知识、应用知识的能力。

模拟实训课程主要在大学生创业实验园和大学生就业创业指导站等平台开展创业实训（“大学生 KAB 创业基础课程”“SIYB 创业培训课程”“全球模拟公司联合体创业实训课程”）、创业实务及创业技能培训，包含实训课程、专题讲座、学科竞赛、创业体验等。以培养学生创业能力为本位的教学理念，以创业实践活动为线索、学生全面参与的多元化教学方法，规范和引导学生创业行为。

实岗实践课程主要在创业导师的指导下，学员利用创业培训知识、技能及其他条件，在大学生创业实验园、企业及创业实习（实践）基地开展以积累创业经验、创造社会财富为目的的创业综合实践活动并完成创业实践报告。学员可自主选择参加试验班的创业实践作为毕业设计（论文），也可参加本学院本专业的毕业设计（论文），两者可进行学分互认。

（三）展现人才培养成果

首届创业班30名学员经过半年的学习与实践，已有7个创业项目团队产生，其中5个创业项目入驻学校大学生创业实验园，两个项目完成工商注册落地创业，有2名学员以资金入股的形式与企业的相关项目对接而直接参与企业管理，3名学员组成的“联创”创业团队经过努力在比赛中获得由中国轻纺城杭州瑞纺联合市场提供的一间黄金旺铺三年免费经营权。

学校创业指导站、创业园和创业班的各种创新要素有机合作、协调发展，构成了创业教育三维模式体系。在这种模式体系下，学生能够结合学校资源和自身条件，有效开展创业实践。学校还通过各种政策和措施为致力创业的学生创造一种鼓励创业、理解失败、勇于探索的校园文化，并通过设立基金等各种形式进行激励，使创业学生在宽松、自由的环境中创业。在这种模式下，势必会产生一批优秀的创业者，他们具有很强的创业意识、创业精神和创业能力，通过他们的奋斗，在以后的创业过程中，他们中的一部分定会获得创业的成功。

附录二　大学生创客职业生涯问题研究——以浙江省为例

知识经济时代，创新创业社会经济发展的重要力量。作为创新创业型人才培养的主阵地和主战场，高校如何深化创新创业教育和职业规划生涯的融合，让大学生创客脱颖而出，是当今国家、社会、学校需要思考的重要课题，但目前相关的学术研究尚且不足，需要进一步深入研究。本研究以浙江省为例，深入各创客空间，探讨大学生创客职业生涯中所遇到的问题，破解大学生创客在创新创业发展难题，对于创建创新型国家有重要的现实意义。

一、创客教育与大学生创客

（一）从创客到创客教育

“创客”其英语源自“maker”一词，是“创造者”的意思，可以理解为广义的创客。狭义的创客可参照克里斯·安德森在《创客：新工业革命》一文中的定义：不以营利为目标，利用3D打印技术以及各种开源硬件，努力把各种创意转变为现实的人。创客[1]是一群具有创造力、活力的群体，他们崇尚创意、设计、制造，酷爱科技，热衷实践，他们愿意为自己，以及全人类创造更加便捷、美好的生活。创客的标准定义还未确认，各个领域有多元的见解。在中国，创客即指创造出实际发明的科技达人，也包括设计师、艺术家、软件开发者等各个领域进行创意、创新的优秀代表。越来越多的人成为创客，将自身极具技术挑战的创意转化为现实制品，一场创客运动席卷全球。

创客运动影响着社会的各个领域，与教育也发生了碰撞，创客的理念正在改变传统教育的模式、方法和内涵，创客教育营运而生。2010年中国的创客教育开始兴起，从中小学到高校各教师都自发地探索。如国内浙江温州中学、北京景山中学的实践；各高校主要通过开设创客空间，创客学堂，举办创客大赛，成立创客俱乐部，召开高校创客教育学术沙龙等方式推动高校创客教育的发展。在未来，创客教育将在高等教育领域产生深刻变革，其中创客空间将成为高校创客教育的孵化基地，创客空间和创客教育的融合与碰撞是推动创新教育发展的重要驱动力。

（二）创客教育内涵与大学生特质相契合

创客教育是一种融合信息技术，秉承“开放创新，探究体验”教育理念，

[1] 李凌，王颉．“创客”：柔软地改变教育［N］，中国教育报，2014-9-23。

以"创造中学"为主要学习方式和以培养各类创新型人才为目的的新型教育模式。传统教育具有深深的工业化烙印，是典型的基于知识的教育[1]；创客教育则是适应知识经济时代发展的以能力为导向的教育。创客教育不会直接将基础知识直接传达给学生，而是在创造的过程中，运用到数学、物理、工程和先进的计算机技术，甚至艺术等多个学科。在创客教育中，学生不再只是被动的学习，充分尊重他们的主体性和主动性，他们会根据现实的问题和兴趣利用自己的创造力解决，在着重培养学生的综合能力。

大学是一切知识和科学、事实和原理、探索与发现、实验和思索的能量保护地。创客精神与大学生旺盛的求知欲和大学教育理念中"实践中教学"不谋而合。繁荣创客文化，大学校园是主阵地。教育的创新需要寻求创客活动的支持，创客文化传播需要教育的传递。创客教育能够更好地解放学生的天性，给他们更多动手操作、自由探索与发展的空间与条件。通过"创客"活动，学生可以接触到更多最新的技术，借助技术将自己的创意想法慢慢实现，不断激发他们对创造的兴趣。大学中社团丰富，通过团队的合作交流、思维碰撞、互帮互助，又能催生更多新颖的想法，形成一种热爱创造、享受创造、尊重创造的校园文化，进而提升学生的创造力、动手能力、问题解决能力以及团队合作能力。

大学生有较高层次的知识储备，是一个知识、智力和活力都相对密集的群体，他们享受了专业领域的分工，具有较强的专业能力。同时，刚步入社会的大学生有活力，勇于拼搏，具有较强的社会适应能力；对自己认准的事物会有激情去体验。大学生有强的领悟力，自主学习知识的能力强，善于接受新事物。思路活跃，创意新颖，能将所学的知识很快内化为能力，外化为创造。具有创意就意味着创新，创新能力来源于创造性思维，一个成功的创客一定具有独立性、求异性、想象性、新颖性、灵感性、敏锐性等人格特质。大学生所具备的特质与创客教育内涵相契合，大学生成为创客的新兴力量。

二、生涯规划理论的适用价值

高校学生生涯规划理论指导当代大学生找准自己的定位，为个人发展确定方向，创客创业能力的培养是在社会主义市场化经济的推动之下，创客根据自己的创业能力，设计与开发出适合市场需求的产品。因此，用生涯规划理论来指导创客创业的选择以及能力的培养具有举足轻重的作用，是在知识经济迅速膨胀的当代，高校大学生谋求自身生存与发展的必要条件。

（一）生涯规划理论有助于高校创客进行创业方向的精准选择

大学教育的宗旨是为了实现学生的全面发展，提高学生的综合技能和素质，

---

[1] 杨现明，李冀红．创客教育的价值潜能及其争议［J］，现代远程教育研究，2015（2）．

而生涯规划则是促进其全面发展和素质提高的关键一环，从某种意义上讲，高校学生在大学里的学习与生活就是自己职业发展的一个重要阶段，即自身职业选择的准备阶段。在职业选择的准备阶段，需要用科学的理论来指导，使学生找准定位，认识自我，结合自己的能力、特长以及兴趣爱好做出合理规划，明确自己的创业发展方向。生涯规划理论能够为创客创业提供实践指导，从职业的定位、目标的设定以及渠道的设计三方面进行创客创业引导，帮助创客创业树立正确的意识，在市场经济体制下，合理地选择并确定未来的创业方向和目标。

（二）生涯规划理论有助于创客挖掘自己的潜能，为创业素质做准备

运用生涯规划理论和方法，高校创客在校期间可以制定分阶段的创业素质培养计划。大一作为生涯规划的启蒙阶段，引导大学生正确地认识自我，既不能妄自菲薄，又不能好高骛远，在大一的时候制定适合自己的生涯目标，培育创客精神，同时重视书本以外知识的学习，在社团活动中提高沟通、协调以及组织的能力，为以后创客在创客空间里开展创业时具有良好的团队氛围。大二作为生涯规划的确立阶段，注重创客实践能力的培养，创客根据自己的生涯规划选择与自己有关的课程、学习专业技能。大三作为生涯的发展阶段，扶助有适合创业项目的大学创客进入学校的创客空间进行真实创业，提高创业技能，锻炼创客的实践操作能力和创新能力。因此，在创客职业生涯规划过程中通过高校生涯规划理论的指导，可以使创客形成终身学习的习惯，推动创客的全面发展，帮助其完成创业素质的准备。

（三）生涯规划理论有助于创客调整创业期望值，提升创业的能力

随着知识经济时代的到来，当代高校应把生涯规划教育作为高校教育的核心内容和重要手段，在大学学习的各个阶段，把高校生涯规划教育与大学创客创业教育贯穿到整个过程当中，引导大学创客进行自我能力的有效剖析，根据自己的专长、能力与兴趣不断地调整自己的创业期望值，修订生涯规划的目标。同时，为了提高创客的竞争力，实现社会人力资源的有效配置，生涯规划理论在大学生创客的创业启蒙阶段就应该进行有效的指导，做出初步的创客创业决策，提升创客创业选择的能力。

三、大学生创客职业发展概况

（一）浙江省大学生创客的典型性

在浙江，技术创新与体制创新活跃，2016 年浙江工商局数据统计，上半年新设小微企业创业者平均年龄为 36 岁，并呈现逐渐年轻化的趋势。其中“80

后”（26~36 周岁）创业者由一季度的 41. 6%增加到 46. 6%。“90 后”创业者由一季度的 12. 7%增加到 15. 5%。对于创客，浙江省认识早、扶持早、发展快，已然成为“大学生创客的天堂”。

1. 政府对大学生创客的大力推动与政策支持

浙江省政府、杭州市及宁波市等政府相继出台相关政策大力推动与扶持大学生创新创业。首先大学生创业程序更加精简，凡高校毕业生申请从事个体经营或申办私营企业的，可通过各级工商部门注册大厅“绿色通道”优先登记注册。其次，为引导和鼓励高校毕业生面向基层就业，自愿到欠发达地区及县级以下的基层创业的高校毕业生，从事个体经营、自主创业或合伙经营与组织起来就业的，其自筹资金不足时，可向当地经办银行申请小额担保贷款。

2. 特色小镇多，众创空间大

创意产业园区的建设与发展起到了产业聚集效应。自 2002 年浙江省首个文化创意园区 OFT49 诞生以来，全省创意园区快速发展，园区数量急速增长。创意产业园区的聚集和辐射带动能力明显。

杭州城西仓前的梦想小镇，是年轻人追逐梦想的创业创新天堂。这里为有梦想、有创意、有激情，但缺少经验、投资的年轻人提供创业创新的空间。在浙江省，活跃着一大批这样为创业者提供栖息之地的特色小镇，人们基于共同的兴趣，如设计、科学、软件、数字或者电子等进行交流、合作、创造事物。在智能感知与交互、宽带网络设备、集成电路设计与制造、3D 打印、光导纤维和量子通信等关键技术上形成一批自主可控的知识产权。

3. “互联网+”经济蓬勃发展

在浙江省，移动互联网、云计算、大数据、物联网等与现代制造业结合，促进电子商务、工业互联网和互联网金融健康发展，衍生出新技术、新产品、新业态和新模式。

（二）调研基本情况及结果分析

本课题组深入浙江省杭州市各大创客空间的，以问卷调查和访谈的形式深入了解大学生创客群体，其中 63. 87%为已毕业大学生，36. 13%为在读学生，分析其对于生涯规划的认知及创客职业发展的现状。并对他们的创业理念、创业设想及实践、对国家就业及大学生创业政策的了解情况，以及创客教育开展情况进行了调查研究。

调查结果显示，杭州创客空间大学生创客群体创业的动因主要来自个人主观意愿，并以自身发展为前提，同时也受到就业压力、政府政策和社会舆论导向等因素的影响；大学生创客对生涯规划需求迫切，但当前许多高校的职业生涯规划服务机制尚未完善成熟，创客自身缺少生涯规划意识。

1. 杭州市各创客空间大学生创客创业现状

A 创客背景因素

从职业维度上分析，调查结果显示：此次调查的创客职业分布十分广泛，其中以学生和其他类居多（附图 1），这充分反映了当下社会创客的多样性，成为创客与所从事的职业无本质关系，且学生更具创新创业精神。

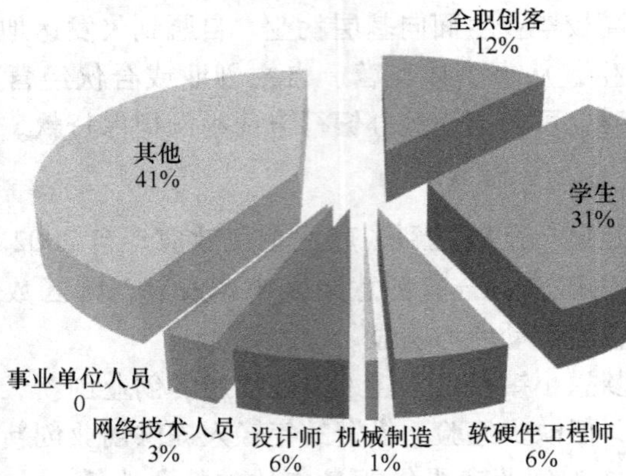

附图 1 创客职业分布

专业维度分析，不同专业的学生因专业视角不同，其价值观、职业倾向有所不同，大部分创客还是认为所学的知识对其创客生涯是有帮助的，目前从事的研究与所学专业相同或相似，只有少部分学生完全脱离本专业（附图 2）。这从侧面反映在大学期间专业学习是否重要，是日后个人发展的坚实基础。

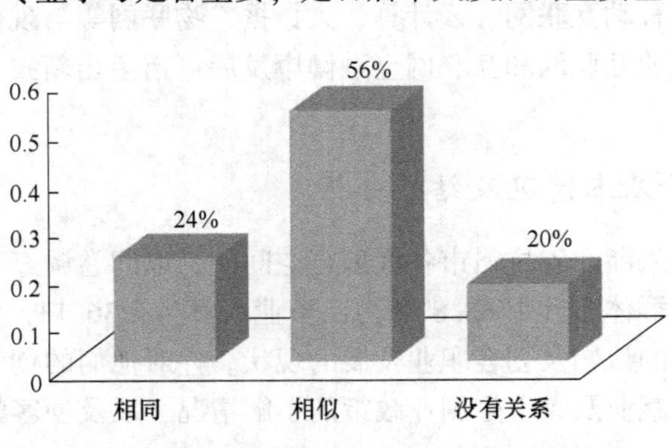

附图 2 目前从事的研究是否与所学专业相关调查

从对了解自己的兴趣爱好、特长和性格角度分析，绝大多数的创客比较了解自己的兴趣爱好、特长和性格，也有部分创客十分了解，而不是很了解的所占比重极小（附图3）。这说明当下绝大多数创客对自身的能力与特长以及兴趣有着良好的认知，因此一名合格的创客必须全面了解自己，唯有如此才能在激烈的竞争中取得成功。

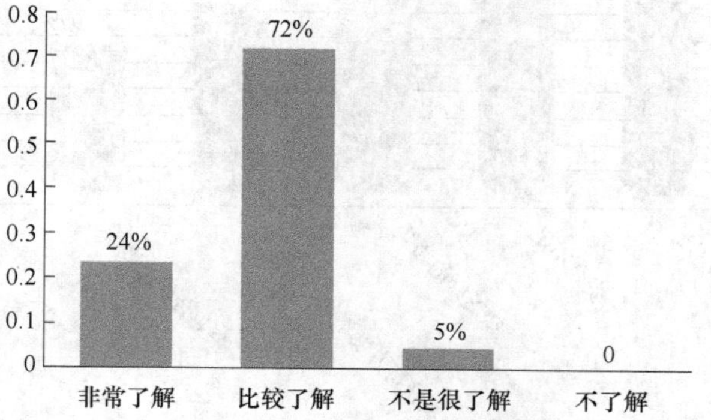

附图3　是否了解自己的兴趣爱好、特长和性格

B　创客现状及面临的问题

调查显示，68%创客认为如今的现状很好，有13%的创客认为现状一般，但有19%的创客认为现状不好（附图4）。说明目前杭州大学生创客的现状十分乐观，有良好的发展前景。但同时大学生创客面临的主要障碍多种多样，调查中发现：37%左右的创客认为现在面临的主要障碍是经验不足以及资金不足，有40.26%的创客认为自己面临的主要障碍是缺乏好的团队，33.77%的创客认为有政府扶持力度不够、门槛高的障碍，25.97%的创客认为如今企业合作难度较大，另有16.88%的创客认为还面临着其他的障碍。由此可见，创客还面对诸多的障碍，其中缺乏好的团队、经验和资金不足最为严重（附图5）。

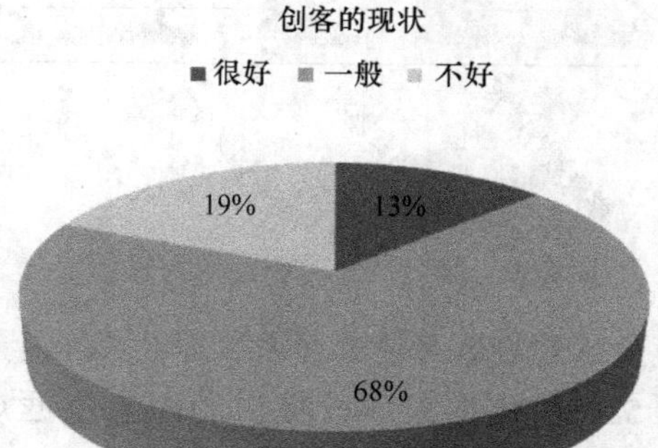

附图4　作为创客的现状如何

2. 创客生涯规划来源与需求

当问及“您对自己的职业规划来源”时，大部分被调查者认为自己的职业

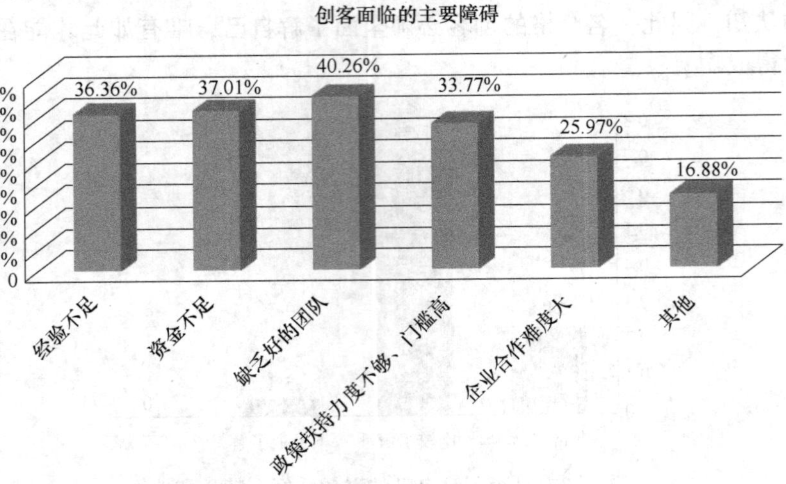

附图5 创客面临的主要障碍

规划更多来自父母亲友的期望，学校教育和培养与朋友及周围生活的影响的人数基本相当（附图6）。这说明当今许多创客各自通过不同的渠道规划自己的职业生涯，但缺少科学系统的职业规划教育。

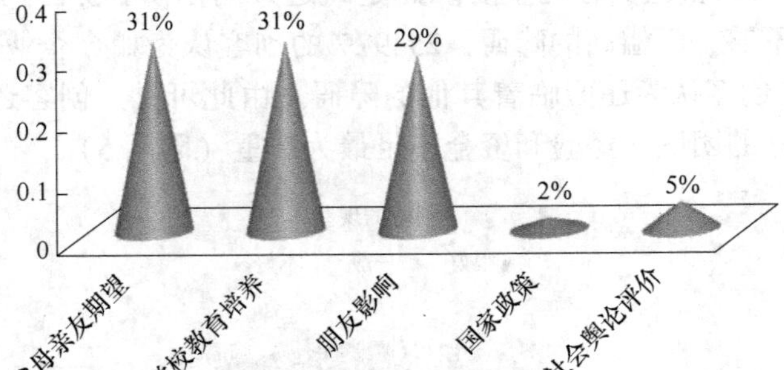

附图6 您对自己的职业规划来源

对于学校提供职业生涯规划服务满意度和大学生职业生涯规划对个人就业的帮助维度调查中显示：58%的创客对学校提供的职业生涯规划服务满意程度一般，对学校提供的职业生涯规划服务感到满意的仅有20%。创客认为大学生职业生涯规划对自己有帮助的有63%，12%的创客认为大学生职业生涯规划对自己非常有帮助，26%的创客大学生职业生涯规划对自己没有帮助。可见当前许多高校的职业生涯规划服务机制尚未完善成熟，大学生创客对职业生涯规划的需求迫切。

（三）创客职业发展存在问题

1. 职业发展欠规划

职业发展规划对创客职业的发展具有关键性的作用，创客的职业发展存在许多的问题，主要表现在创客的职业发展缺少学校职业生涯规划的指导，同时学校提供的职业生涯规划服务缺乏与创客的互动性，没有为创客提供实质的所需要的课程安排和专业技能的指导，使得学生没有找准自身定位和发展方向。目前很多高校还没有充分认识到学生创业的必要性和紧迫性，单纯重视就业教育、就业指导，教育内容大多局限于阶段性的创业计划竞赛。在职业发展规划上，对学生自我创业意识和企业家精神的培育，以及对投资项目论证、资金筹措、产品技术、质量管理、市场开发、人际关系、商业法规和政府相关政策等方面的内容涉及较少。

2. 创客计划欠交流

创客在职业生涯规划中需要有相应的计划，但当前大学生创客主要凭主观判断，缺少交流与指导。创客空间的存在，使得创客创业往往以团体的方式进行，目前我国高校创客空间处于起步阶段，部分流于形式，而且多数的创客缺乏一个优秀的团队。

3. 政府制度欠支持

政府是高校创客开展创业的有力保障，政府的制度安排、政策支持直接关系到高校创客的活动空间以及相应的资金保障。然而，由于我国从 2010 年以后才陆续有人提出创客，时间比较短，因此发展相对于西方来说比较滞后。创客们主要的资金来源于自己以及亲友，企业的资助或投资只占了极小的一部分，政府的保障性资金支持还没有落实到位。在政府支持层面，目前给予自主创业的高校毕业生的扶持，主要是简化审批手续，免费提供政策、法规和信息咨询服务以及减免征税等。但其中有些政策很难操作，尤其是在经营领域、融资渠道和税收优惠等关键问题上，创业的大学生群体并没有得到真正的扶持。

四、多措并举，开启“创客+”的新纪元

大学生创客不仅关系到个人的成才、家庭的稳定和社会的发展，更涉及人才合理的培养使用、人力资源的有效配置等各方面的问题，是国家发展战略的一个重要组成部分。在建设创新型国家的进程中，政府、高校、社会应行动起来，帮助大学生创客健康成长。

（一）政府要进一步做好服务保障工作，打造创客成长发展的乐园

1. 弘扬创客精神，营造创客氛围

目前在我国创客是一种新生事物，国内对创客的了解度还比较低，单纯地将创客等同于创业。创客的规模和水平也参差不齐。此次对杭州各大创客空间调研发现，创客大多数为已毕业的大学生，占调查人数的66%。政府应当在全社会大力宣传创客精神、创客文化和创客事迹，重视社交媒体的宣传和交流功能，营造敢想敢做、不畏风险、宽容失败的氛围环境，让更多的人了解创客的运行。

2. 提高政策扶持力度，完善配套服务

政府要出台切实可行的创业扶持政策，精简审核流程，降低审核成本，为大学生创客提供实质性的帮助。完善配套服务，大力构建创新创业平台，培育创新创业主体，降低创新创业成本，优化创新创业服务，发展民间和社区的创客组织，开展创客嘉年华、创客沙龙等活动，为创客提供交流平台，挖掘一批创客典型，引导激励更多的人投身创新创业大潮。

3. 加快立法，推进职业规划和创客教育融入基础教育

今后不仅要提倡素质教育，更应通过立法等措施来保障和推进职业生涯规划视角下大学生创客的发展。可以借鉴美国经验适当提前职业规划教育的时间，实现基础教育与高等教育在职业规划指导方面的衔接，并在各个教育阶段开设创客教育，实施全程专业指导，有计划、分重点地在学校的不同阶段开展有针对性的指导，以便顺利实现从学校到工作的过渡，使大学生创客能更全面了解自身，选取正确的发展方向。

（二）高校要进一步抓好创新创业教育，成为培养创客的摇篮

1. 开发专门的创客教育课程，完善创客课程体系

大课程观强调，课程本质上是一种教育进程，课程作为教育进程包含了教学过程。课程不仅仅是存在于“观念状态”的可以分割开的“计划”，课程根本上是生成于“实践状态”的无法分解的、整体的“教育活动”。因此，创客课程是高校创客教育的内容、方式、过程等的总称。从高校创客教育课程科学性、实践性、主体性、创新性的特征出发，创客课程体系应包含以下三类：第一类是面向全校学生的基础课程，如3D设计与打印、Scratch趣味编程，将创客教育整合于已有的课程教学中。如同济大学艺术与传播学院为大一新生开设开源硬件与编程等基础课程来消除他们对技术的畏惧。第二类是以选修课的形式开设的拓展类课程。高校以辅修学分的方式开设关于新一代物联网技术，如智能控制、传感器等专门的创客教育课程。第三类是激发学生创造潜能的创新课程，把想象的一切变

为现实的东西。这三类课程可以循序渐进，教师在职业规划课程中也可以为学生介绍这三类课程，并引导学生在自己感兴趣的、有创意的方向上选择课程。

2. 建立全程、系统的职业生涯规划指导理念

创业并不是学生临近毕业，开始就业阶段才着手进行的，而是应在学生入学之初甚至最早萌发创业想法时，就需要开始进行指导。学校应让学生具备职业生涯规划的意识和能力，为学生提供全程、系统的指导，教给学生科学的职业规划方法，对于有创业想法的学生则需要依托职业生涯规划，将创客精神、创新知识和创新能力有机融合。创客应是复合型人才，人才的培养上应以跨学科课程设置为主。在实际教学过程中，要将创客教育融入学科教育之中，客观审视个人创业的基础，理性规划创业蓝图。同时，将创客理念在教学中适当穿插，以提高学生创新能力的知识储备，帮助学生筹划创客步骤，最终实现创客目标。

3. 教师多元化，打造专业的创客教育师资队伍

教师是教育活动开展的基本要素，是指导和推进创客学习的主体，是推进高校创客教育前进的关键因素。学校可以培养专职和兼职创客教师。教师在创设创客课题时，要充分了解学生的知识结构和擅长并喜爱的领域。教师除了要具备专业的知识素养外，还要掌握新兴信息技术，设计出合理的与时俱进的创客教学案例，合理规划时间，鼓励学生的创新意识和团队合作精神。当然，教师也会面临新的问题和挑战。因此，要为创客教师提供相应的培训，培养专业型的创客教师。如各种专题培训和基于创客理念的教学研讨会。学校也可以在社会上招聘一部分有创新意识，热爱创造并已经取得成就的创客作为兼职教师，到学校开设讲座，壮大教师队伍，同时也为学生提供创客在实际运营中可能出现问题的解决方案。

4. 实现校企合作机制

学校可以和政府部门、当地著名的创新企业进行合作，定期带领大学生创业者去企业参观，或者去政府部门了解国家有关支持大学生创业的政策；为提高大学生创业者的实践能力也可以与企业合作共同开展某一类创新项目，给创业者提供一个参加实践的机会。

（三）大学生要做好职业能力定位，为创客生涯打下坚实基础

1. 认知自我心怀理想

找准方向和定位，不懈坚持。跟谁学创始人、董事长兼 CEO，原新东方执行总裁陈向东说：如果你的内心真正还有梦想，如果你真正地想创业的话，你要行动，你要马上行动，你要果敢地行动，并且不断地坚持、坚持、坚持，学习、学习、学习。大学生创客应根据自身特点，结合官方测评，以及多方面的咨询决定

发展方向。

2. 提高自我智谋发展

面对资金、技术、经验、机会等诸多难关，创客在创新创业的道路上梦想与迷茫同在，孤独与欢乐并存。深圳市孵化器产业协会秘书长吕勇指出："大学生创业不是一件容易事情，创业失败的可能性很高，所以首先要有一种信念在里面，那就是必死的心态和必胜的信念。"大学生创客不仅要有想法、有激情，还要有理性、有情怀，端正创新创业心态，激发创业意识和创业理念，提升专业知识与技能，多锻炼、多实践、多积累，在开放合作中为客户、为社会创造价值，在推动社会进步的过程中实现自我价值。大学生要放低心态，从低做起，学会谦逊、勤奋、忍耐、坚持、从容等，有良好的创业心态和商业品格，积累人脉和货币资本，找到适合自己的谋生之路。

目前我国的创客教育融入了创新教育的理念，注重培养学生的创新意识和创造能力，但在创客创业发展、规划方面仍面临一些问题和挑战。为此，高校发展创客教育，培养全面合理定位还有很长的路要走，各高校既要结合自身的优势不断摸索和探索，又要融合社会各界的支持。

参考文献

[1] 李凌，王颉．“创客”：柔软地改变教育［J］．中国教育报，2014（9）：5.

[2] 张玉敏．高校大学生创新创业教育研究［J］．教育时空，2009（4）：155-156.

[3] 黄兆信，赵国靖，洪玉管．高校创客教育发展模式探析［J］．高等工程教育研究，2015（4）：41-44.

[4] 任江林，马绍文．众创时代我国大学生创客成长发展的问题及对策［J］．内蒙古师范大学学报（教育科学版），2015，28（12）：20-22.

[5] 靳旭莹．探析创客教育在大学生创新创业教育中的作用［J］．中国现代装备，2015（6）：110-112.

[6] 杨晓慧．我国高校创业教育与创新型人才培养研究［J］．中国高教研究，2015（1）：19.

[7] 初明利，潘望远．高等商科院校创业型人才培养与创业文化建设［J］．职业技术教育，2012（17）：82-85.

[8] 李宪．加强创业文化建设推进创业教育工作［J］．焦作大学学报，2012（1）：107-108.

[9] 王中，陈霞．欧美高校创业教育模式比较［J］．教育与职业，2012（19）：95-96.

[10] 张玉英．高职院校创业教育模式之设想［J］．出国与就业（就业版），2012（3）：68，71.

[11] 贺雨晴．从学生角度看创新创业型人才培养方式研究［J］．科技创新导报，2012（18）：255-256.

[12] 杨楠．中英两国高校大学生创业教育比较研究综述［J］．吉林广播电视大学学报，2012（1）：40-42.

[13] 张炳申，何亦名，罗磊．中外创业教育的发展及其对我国高等教育的意义［J］．高教探索，2007（1）：71-73.

[14] 梅伟惠．美国高校创业教育模式研究［J］．比较教育研究，2008（5）：52-56.

[15] 国家发展和改革委员会．2015年中国大众创业万众创新发展报告［R］．北京：人民出版社，2016.

[16] 吴伟伟，严宁宁．大学生创新创业教育［M］．北京：经济科学出版社，2016.

[17] 吴勇，张荣烈．大学生创新创业教育［M］．北京：北京师范大学出版社，2017.

[18] 李永山，陆克斌，卞振平．大学生创新创业教育发展与保障研究［M］．北京：中国建材工业出版社，2016.

[19] 陈忠卫．知行统一路：大学生创业案例与创新创业教育研究［M］．北京：经济管理出版社，2016.

[20] 杜永红．大学生网络创新创业教育［M］．北京：北京理工大学出版社，2016.

[21] 杨晓慧，等．大学生就业创业教育研究［M］．北京：经济科学出版社，2015.

[22] 徐小洲，梅伟惠．高校创业教育体系建设战略研究［M］．杭州：浙江教育出版社，2015.

[23] 芮国星．信息时代高校创业教育体系研究［M］．西安：陕西师范大学出版社，2016.

[24] 臧玲玲．国际视野下的高校创业教育课程研究［M］．北京：中国社会科学出版社，2016.

[25] 商应美. 高校创业实践教育体系建设研究 [M]. 北京：人民出版社，2016.
[26] 谢威. 创业、创新与科技情报发展 [M]. 北京：北京邮电大学出版社，2016.
[27] 张子睿，李杨. 学校创业教育引论：大众创业万众创新背景下学生创新、创业教育对策研究 [M]. 北京：中国书籍出版社，2016.
[28] 四川省“双创”政策措施落实情况第三方评估工作小组，等. 四川省“大众创业、万众创新”蓝皮书 [M]. 成都：西南交通大学出版社，2016.
[29] 国务院. 国务院关于大力推进大众创业万众创新若干政策措施的意见 [M]. 北京：人民出版社，2015.
[30] 姜奇平，周其仁，陈志武，等. 读懂互联网+ [M]. 北京：中信出版社，2015.
[31] 崔勇. 视界：“互联网+”时代的创新与创业 [M]. 北京：清华大学出版社，2016.
[32] 杜永红，梁林蒙，杨彩霞，等. 大学生创新创业教育——基于互联网+视角 [M]. 北京：清华大学出版社，2016.
[33] 王晨，刘男. 互联网+教育：移动互联网时代的教育大变革 [M]. 北京：中国经济出版社，2015.
[34] 姚毓春. 创业型经济与就业问题研究 [M]. 北京：经济科学出版社，2014.
[35] 石丹林. 大学生创业理论与实务 [M]. 北京：清华大学出版社，2012.
[36] 李志永. 日本高校创业教育 [M]. 杭州：浙江教育出版社，2010.
[37] 钱贵晴，创新教育概论 [M]. 北京：北京师范大学出版社，2009.
[38] 曹胜利. 中国大学创新创业教育发展报告 [M]. 沈阳：万卷出版公司，2009.
[39] 牛长松. 英国高校创业教育研究 [M]. 上海：学林出版社，2009.
[40] 席升阳. 我国大学创业教育的观念、理念与实践 [M]. 北京：科学出版社，2008.
[41] 张涛. 创业管理 [M]. 北京：清华大学出版社，2007.
[42] 马春文. 发展经济学 [M]. 北京：高等教育出版社，2010.
[43] 陈世君. 创业教育视角下的思想政治教育创新研究 [D]. 南昌：南昌大学，2010.
[44] 孙索华. 思想政治教育在大学生创业教育中的作用研究 [D]. 郑州：河南农业大学，2011.
[45] 刘蓓蓓. “双创”背景下大学生创业精神培育研究 [D]. 济南：山东大学，2016.
[46] 林凯雯. 大学生创业政策、创业机会原型对创业意愿的影响研究 [D]. 杭州：浙江理工大学，2016.
[47] 俞使超. 创业维持视角下的高校创业教育改进策略研究 [D]. 杭州：浙江理工大学，2016.
[48] 韩峰. 加强大学生创业教育的实效性研究 [D]. 太原：中北大学，2016.
[49] 许聪. 大学生创业成效影响因素实证研究 [D]. 南京：南京大学，2016.
[50] 胡月. 双创背景下创业教育课程的研究 [D]. 重庆：重庆师范大学，2016.
[51] 彭琴. 21世纪美国高校创业教育发展研究 [D]. 上海：华东师范大学，2016.
[52] 陆玉蓉. 大学生创业教育实施现状的案例研究 [D]. 上海：华东师范大学，2016.
[53] 王晓彬. 经济新常态下促进大学生就业问题研究 [D]. 南宁：广西师范大学，2015.
[54] 黄文兵. 大学生创业教育的路径研究 [D]. 长沙：湖南大学，2010.
[55] 陈玉娟. 大学生创新创业教育研究 [D]. 石家庄：河北师范大学，2013.

[56] 卢伟峰. 吉林省高校大学生创业教育研究 [D]. 长春：吉林农业大学，2013.
[57] 李雯. 基于就业视角的大学生创业教育研究 [D]. 徐州：徐州师范大学，2011.
[58] 钟婉妣. 贫困大学生创业教育研究 [D]. 南宁：广西民族大学，2015.
[59] 葛骁欧. 当代大学生创业教育研究 [D]. 大连：大连理工大学，2011.
[60] 齐鹏. 大学生创业教育研究 [D]. 南京：江苏大学，2010.
[61] 蔡跃洲. "互联网+"行动的创新创业机遇与挑战——技术革命及技术——经济范式视角的分析 [J] 求是学刊，2016 (3)：43-51.
[62] 蔡自兴. 中国人工智能40年 [J]. 科技导报，2016 (15)：12-32.
[63] 程克非，罗江华，兰文富. 云计算基础教程 [M]. 北京：人民邮电出版社，2011.
[64] 陈付龙，徐雨祥，邢鹏，等. 基于Flash技术的中学生物虚拟实验平台设计 [J]. 江苏第二师范学院学报，2015，31 (3)：62-65.
[65] 陈耀华，陈琳. 互联网+教育智慧路向研究 [J]. 中国电化教育，2016 (9)：80-84.
[66] 丁俊苗. 以创新创业教育引领高等教育改革与发展——创新创业教育的三个阶段与高校新的历史使命 [J]. 创新与创业教育，2016 (1)：1-6.
[67] 冯渠. 我国大学生创业团队建设研 [D]. 沈阳：沈阳师范大学，2014.
[68] 付宁，张东霞. "互联网+"环境下大学生创新创业的商业模式分析 [J]. 商业现代化，2016 (29)：241-242.
[69] 付艳萍，王秀芳. 互联网+教育理念及模式探析 [J]. 移动信息，2016 (8)：138-139.
[70] 黄磊，陈灿，郭勤贵. 互联网+：跨界与融合 [M]. 北京：机械工业出版社，2015.
[71] 贾若祎，李勇，刘思涵. 大数据在影视产业中的应用 [J]，传媒，2016 (19)：77-80.
[72] 贾韬. 中国教育培训企业营销策略研究——以环球雅思为例 [D]. 北京：对外经济贸易大学，2012.
[73] 江礼坤，实战移动互联网营销：互联网+营销的7个关键要素 [M]. 北京：机械工业出版社，2015.
[74] 李德毅，林润华. 云计算技术发展报告 [M]. 北京：科学出版社，2011.
[75] 李国杰，程学旗. 大数据研究：未来科技及经济社会发展的重大战略领域——大数据的研究现状与科学思考 [J]. 中国科学院院刊，2012 (6)：5-15.
[76] 李海舰，田跃新，李文杰. 互联网思维与传统企业再造 [J]. 中国工业经济，2014. (10)：135-146.
[77] 李鹤，张舒铭. 大数据技术在电子商务领域中的应用 [J]. 合作经济与科技，2016 (24)：106-108.
[78] 李文莲，夏健明. 基于"大数据"的商业模式创新 [J]. 中国工业经济，2013 (5)：83-95.
[79] 廖卫红. 移动互联网环境下互动营销策略对消费者行为影响实证研究 [J]. 企业经济，2013 (3)：69-73.
[80] 林小捷. 基于Android自动化测试平台的研究与实现 [D]. 广州：华南理工大学，2013.
[81] 林子雨. 大数据技术原理与应用 [M]. (2版). 北京：人民邮电出版社，2017.
[82] 刘东梅. 在线教育二十年：从"教育+互联网"到"互联网+教育" [J]. 互联网经济，

2015（7）：90-97.
［83］刘建堤．视觉营销理论建构及其核心技术研究［J］．中南财经政法大学学报，2008（5）：109-113.
［84］刘建堤．视觉营销及其演进探析［J］．经济研究导刊，2013（3）：232-234.
［85］刘鹏．基于 iOS 的个人健康管理系统客户端的开发［D］．大连：大连理工大学，2012.
［86］刘云浩．物联网导论［M］．北京：科学出版社，2011.
［87］罗军舟，金嘉晖，宋爱波，等．云计算：体系架构与关键技术［J］．通信学报，2011（7）：3-21.
［88］罗军舟，吴文甲，杨明．移动互联网：终端、网络与服务［J］．计算机学报，2011（11）：2029-2051.
［89］孟小峰，慈祥．大数据管理：概念，技术与挑战［J］．计算机研究与发展，2016（1）：146-169.
［90］欧阳日辉．从"+互联网"到"互联网+"——技术革命如何孕育新型经济会形态［J］．人民论坛·学术前沿，2015（10）：25-38.
［91］平和光，杜亚丽．"互联网+教育"：机遇、挑战与对镱［J］．现代教育管理，2016（1）：13-18.
［92］史亚坤．P2P 网络借贷平台创新发展模式研究［D］．开封：河南大学，2014.
［93］孙永波．移动 APP 营销研究评述与展望［J］．管理现代化，2016（1）：82-85.
［94］王蕾，赵国光．"互联网+医疗"的困境及政策解析［J］．中国医院，2016（2）：45-46.
［95］王年军．大学生创业团队的理论与实证研究［D］．武汉：武汉理工大学，2012.
［96］王乔峰，曹效英，路璐．"互联网+教育"模式的发展情况分析［J］．中国教育信息化，2015（15）：9-11.
［97］王艳艳，大数据时代小微企业融资模式创新研究［D］．北京：北京交通大学，2016.
［98］邬贺铨．"互联网+"行动计划：机遇与挑战［J］．人民论坛·学术前沿，2015（10）：4-14.
［99］吴传坤．物联网安全基础［M］．北京：科学出版社，2013.
［100］吴功宜，吴英．物联网工程导论［M］．北京：机械工业出版社，2013.
［101］吴南中，"互联网+教育"内涵解析与推进机制研究［J］．成人教育，2016（1）：6-11.
［102］吴信东，叶明全，胡东辉，等．普适医疗信息管理与服务的关键技术与挑战［J］．计算机学报，2012（5）：827-845.
［103］武文韬，"互联网+"环境下大学生创新创业的商业模式分析［J］．创新科技，2016（1）：49-52.
［104］肖志辉．移动互联网研究综述［J］．电信科学，2009（10）：30-36.
［105］徐争荣．"互联网+"时代传统行业的创新与机遇分析［J］．互联网天地，2015（5）：1-5.
［106］杨颖，朱君茹，袁媛，等．医疗物联网的发展现状、问题与对策［J］．中国卫生信息管理杂志，2015（3）：298-303.

[107] 姚飞飞. 互联网+背景下中小企业管理模式创新研究 [J]. 商业现代化，2016（8）：107-108.

[108] 叶明全，黄道斌，卢小杰，等. 大数据时代下数据挖掘课程实践教学探索 [J]. 池州学院学报，2016（6）：128-130.

[109] 叶明全，尹荣章，刘冬，等. 医学高校信息管理与信息系统专业综合改革与实践 [J]. 滁州学院学报，2016（5）：103-106.